Gerhard Jan Rötting

Als der kleine Junge
ein großes Wunder erlebt

Bibliografische Information der Deutschen Nationalbibliothek
Die Deutsche Nationalbibliothek verzeichnet diese Publikation in
der Deutschen Nationalbibliografie; detaillierte bibliografische
Daten sind im Internet über http://dnb.d-nb.de abrufbar.

ISBN 978-3-8429-2009-5

Bestell-Nr. 512 2009
© 2012 mediaKern GmbH, Friesenheim-Schuttern
Umschlaggestaltung: Ch. Karádi
Layout: Jürgen Deusch
Herstellung: CPI – Ebner & Spiegel, Ulm
Printed in the EU 2012

www.media-kern.de

Inhalt

Als ein Tschernobyl-Kind
sich bei uns bedankte

1

Seit rund zwanzig Jahren geht durch das weite Land der Ukraine eine geistliche Erweckung und Erneuerung. Menschen werden von der Liebe Gottes überrumpelt – junge Erwachsene, aber auch Ältere, die von dem selbstherrlichen und mörderischen kommunistischen Machtsystem enttäuscht und deshalb auf der Suche nach etwas sind, was »ewig hält und trägt«. Dabei stoßen sie auf Christen, die ihr Leben nach dem Evangelium ausgerichtet haben. Diese Gläubigen sind eben keine Ideologen oder Funktionäre. Keineswegs. Sie sind Menschen wie du und ich, die sich der Person Jesu Christi zugewandt und ihr Leben Ihm anvertraut haben. Restlos. Sie sind versöhnt und leben aus der Kraft Gottes. Sie haben die »einseitige Vergebung« ihrer Schuld erlebt – durch Jesus. Er hat sie erneuert – mit Seiner Liebe. Nun sind diese Christen wie kleine oder manchmal auch große Feuer, die hell lodern. Durch ihr Leuchten schaffen sie auf jeden Fall Orientierung – mitten in der Welt, die oft von Alkohol und Drogen, von Sinnlosigkeit und Unglauben geprägt ist und mit Ziel- und Ratlosigkeit ringt.

ukraine

Die christlichen Gemeinden wachsen schnell. In den letzten zwölf Jahren sind mehr als 1.800 neue Gemeinden entstanden. Nicht alle, aber die meisten von ihnen, sind wie »die Stadt auf dem Berge«. Wo die Christus-Liebe praktiziert wird, geschehen »Zeichen und Wunder« – wie bei den ersten Christen, wie am Anfang der Apostelgeschichte zu lesen ist. Ihre Gottesdienste sind von der Christusfreude geprägt. Ihre Gebetshäuser sind voll Chorgesang und Gemeindesingen! Oft werden eigene Lieder vorgetragen. Zwei Kurzpredigten und eine Hauptpredigt sind die Regel. Wenn alles von der liebenden Anbetung des biblischen Gottes geprägt ist, dann wird jeder Gottesdienst zu einem Fest: der auferstandene und gegenwärtige Herr Jesus ist spürbar anwesend. Schon das ist Grund genug zum Feiern: Er ist da, mitten unter uns.

Neuerdings treffen sich die Gemeinden einiger ukrainischer Landkreise an Samstagen oder Sonntagen zu gemeinsamen Gottesdienst, wenn ihr Kirchenpräsident, Dr. Grigory Komendant, und ich jene Landkreise besuchen, die hunderte Kilometer von der Landeshauptstadt Kiew entfernt sind.

Das heutige Treffen findet im Freien statt, denn kein Kirchenraum ist groß genug, um die Mitglieder aus 53 Gemeinden zu fassen. Tausend und mehr Leute – auch Nichtchristen – sind versammelt, um die »Gute Nachricht« zu hören, die ihr Kirchenpräsident und ich, der Missionsmann aus Deutschland, an diesem Samstag in der Kreisstadt Xhmelnitz verkünden. Schon bald sind alle Sitzgelegenheiten im Halbkreis vor dem aufgestellten Podium besetzt. Darum müssen viele stehen. Was ich noch nicht wissen kann: Gott wird heute hier mehrere Wunder tun.

Die frühherbstliche Sonne hat im Tal die Nebel aufgelöst. Schwarze Dohlen schwärmen gelegentlich schwungvoll über die Versammlung hinweg, um sich dann in den Pappeln am Wegesrand niederzulassen. Es ist ein Fleckchen Erde, das inmitten einer Hügellandschaft liegt und das ich liebend in mein Herz schließe, weil es atmet – vom Frieden Gottes, der sich über diesem Lande ausbreitet. Die ringsum liegenden Felder sind bereits abgeerntet – nur hier und da stehen noch die trockenen, braungefärbten Maishalme auf den Äckern und warten darauf, bald abgeholt zu werden.

Das Programm ist abwechslungsreich. Doppelquartett und Kinderchor singen hervorragend. Ein Gesamtchor preist mehrere Male das Erbarmen Gottes und Seine nicht zu übertreffende Liebe. Als das gesamte Gemeindevolk ein bekanntes Lied anstimmt, schaue ich in die Menge und entdecke hier und da frühere Studenten, die unser Theologisches Institut in Irpin absolvierten. Welche Freude, sie hier zu sehen!

Eine junge Frau ist aus dem Halbkreis hervorgetreten und steht etwas unsicher vor dem Podium. Sie schaut sich um, als ob sie irgendjemanden suche. Gehört sie zu den Organisatoren dieses wunderschönen Gemeindetages? Sie blickt aufs Podium, dann wieder in den riesigen Halbkreis der versammelten Gemeinde. Schließlich kniet sie auf dem Rasen nieder, legt ihre Hände vors Gesicht. Ich höre, dass sie betet. Vitalij, einer meiner früheren Studenten, der jetzt Dorfpastor in einer neu von ihm gegründeten Gemeinde ist, geht zu ihr und beugt sich, um zu hören, was diese junge Frau bewegt. Nach ihrem Gebet hebt Pastor Vitalij seine Hände zum Himmel und dankt Gott für das neue Leben, das Er dieser Frau geschenkt hat. Nach seinem »Amen« erhebt sich die Beterin. Pastor Vitalij reicht ihr die Hand und vereinbart mit der jungen Frau einen Gesprächstermin. Spontan singen die über tausend Gemeindeglieder ein Loblied, denn ein erstes Wunder ist passiert: Wieder hat der Herr Jesus Seiner Gemeinde ein neues Mitglied hinzugefügt. Es ist eine Volksschullehrerin, die eigentlich nur gekommen war, um den Gesängen der Gemeinde und der Chöre zu lauschen. Denn sie liebt Chormusik. Doch dann wurde ihr bewusst: Gott sucht mich. Heute ist der Tag, an dem ich mich Ihm ganz zur Verfügung stellen soll. Das treibt sie aus der Menge nach vorn, um kniend ihr Gelöbnis vor dem le-

bendigen Gott und Seiner Gemeinde zu sprechen: »Hier bin ich, Herr, gebrauche mich!«

Während nun der Gesamtchor ein Danklied
singt, sehe ich noch zwei junge Erwachsene
nach vorne kommen. Auch sie knien, bekennen
ihre Sünden vor Gott. Wieder sind Pastoren da,
die über diesen »neuen Christen« beten und sie
segnen – in Jesu Namen. Wir alle sind bewegt
über Gottes Heiligen Geist, der Menschenher-
zen berührt und sie erneuert. Jeder weiß, dass
Gott wieder Seine Wunder mitten unter uns gewirkt hat!

Eine etwa 30-jährige Frau stellt sich vors
Mikrofon. Ich merke, dass sie es nicht ge-
wohnt ist, vor so vielen Zuhörern zu
sprechen. In solchen Fällen weiß ich, was ich zu
tun habe: Ich rufe in einem stillen Gebet den
Siegesnamen Jesu über solche nervösen Personen aus. Noch einmal räuspert sich die Frau
und dann spricht sie klar und in kurzen Sätzen:
»Vor acht Jahren wurde ich schwanger. Ich

war unsagbar glücklich darüber. In meiner Freude weihte ich dieses kommende Leben dem Herrn Jesus Christus. Er sollte Herr meines erstgeborenen Kindes sein. Von anderen Müttern hatte ich gehört: Es liegt viel Segen auf einer Familie, die ihr erstgeborenes Kind Gott weiht. Ich machte es mir aber nicht klar, dass göttlicher »Segen« niemals unsere menschlichen Tränen ausklammert, sondern sie stets einschließt.

Die Stunde der Geburt ist gut überstanden. Die Hebamme reibt sich mit einem großen Handtuch den Schweiß von der Stirn und sagt beim Heraustragen des Kindes: »Valentina, es ist ein Junge!« Glücklich wie eine junge Mutter nach der Geburt ist, atme ich viele Male tief ein und bin voller Dank zu Gott. Ebenso bewusst atme ich wieder aus. Ein Junge! Mein Mann und ich haben bereits vor Wochen beschlossen: Wird es ein Junge, dann soll er David heißen.

Nun möchte ich das Baby gern in meinen Armen halten. Es jammert unentwegt und schreit heftig. Ich sehe es nicht, denn es liegt im Nebenraum. Durch die halboffene Tür vernehme ich, dass ein zweiter Arzt hinzugekommen ist. Beide Ärzte und die Hebamme murmeln leise miteinander. Ich verstehe nicht, worüber sie sich unterhalten. Am liebsten würde ich jetzt aufstehen, um mein Kind zu sehen. Aber ich bin einfach zu schwach, um das Bett zu verlassen.

Eine Krankenschwester schaut nach mir, aber sie verliert kein Wort weder über die Geburt noch über das Baby.

»Ist mit meinem Kind etwas nicht in Ordnung?«, frage ich. »Es schreit ja ständig.«

Ich bekomme zu trinken, aber eine Antwort bekomme ich nicht. Ein Beruhigungsmittel wird mir verabreicht. Bald schlafe ich ein.

Träume ich oder ist es die Wirklichkeit? Das Babygeschrei ist ganz nahe an meinem Ohr. »Valentina, du musst wach werden, denn dein Baby liegt neben dir«, sage ich mir. Meine Hände ertasten das Bündel. Die Krankenschwester huscht aus dem Zimmer. Ich drehe mich dem Schreihals zu, so gut es geht, und betrachte voll Glück das kleine, rosarote Gesichtchen. Aus dem Mund des Jungen aber kommt nur fürchterliches Schreien. Vorsichtig

schiebe ich die Kinderdecke von seinem Köpf-
chen und sehe mir staunend die Öhrchen an.
Gern würde ich in seine Äugelein schauen, aber
die bleiben verschlossen: Winzige Tränen quil-
len aus den Augenwinkeln und laufen an beiden Seiten der kleinen Nase herunter. »Kind,
hier ist deine Mutti«, höre ich mich sagen und
wische ihm vorsichtig mit dem Zeigefinger die
Tränchen weg. Und dann kommt es fast feierlich über meine Lippen: »David! Mein erstge-
borener Sohn! Ich liebe dich!«

Da es im Raum angenehm warm ist, streife
ich die Kinderdecke von Davids Schultern und
sehe seine Ärmchen, seine kleinen Fingerchen.
»Wie schön bist du, mein Kind!« Bin ich in meinen Kleinen schon so verliebt, dass ich ihm sein
Gebrülle rundum verzeihe? Oder ist es tatsächlich so, dass sein Heulen immer leiser wird.
Beruhigt es den Kleinen, wenn ich meine Hand-
fläche auf seinen Brustkorb lege und sie zärtlich
darüber gleiten lasse?

»O mein Kleiner, du wirst es gut bei uns
haben. Gleich kommt dein Vater: Wie wird er
sich über dich freuen. Vielleicht noch mehr als
ich es jetzt schon tue.«

Langsam streife ich die Kinderdecke weiter von seinem winzigen Körper herunter: Ich will über dieses ganze Geschöpf staunen, das Gott uns anvertraut hat. Ja, Er hat uns zu glücklichen Eltern gemacht.

Mir ist vor lauter Freude entgangen, dass die Tür sich geöffnet hat. Während ich die Kinderdecke weiter von Davids Körper entferne, sehe ich mit einem kurzen Blick, dass die Hebamme und die Krankenschwester an der Tür stehen. Am liebsten hätte ich ihnen jetzt schon als Dank für ihre Hilfe in der schweren Stunde der Geburt die Hände gedrückt. Doch Ivan, mein Mann, und ich haben uns vorgenommen, dem Personal je eine große Schachtel mit Pralinen zu schenken – und dabei dann unseren Dank auszusprechen. Vielleicht ist Ivan jetzt unterwegs, um diese Geschenke einzukaufen. Ich erwartete ihn jeden Augenblick. Meine Hand streichelt liebevoll das neugeborene Kindchen – meinen Sohn.

»Kiiiind! Daaavid!« Gleichzeitig mit meinem Aufschrei ziehe sich schockiert meine Hand von dem kleinen Körper zurück. Denn was ich da sehe – nein! Das kann ich nicht fassen. Mein Körper entzieht sich automatisch dieser Grausamkeit und will dieses Grässliche nicht wahrhaben. Mehr noch, meine ganze Mutterperson baut spontan eine Abneigungswand auf und sucht Abstand von dem zu bekommen, was ich unerwartet gesehen habe! Unbewusst lege ich die Kinderdecke auf den Jungen zurück, der nun ruhig neben mir liegt und nicht mehr schreit. Ich kann, ich mag diese beiden dünnen, hochstehenden Beinchen, die verbogen und außerdem übereinander gekreuzt miteinander verwachsen sind, nicht anschauen! Diese Beinchen, an denen querstehende Füßchen hängen, nein, die will ich nie wieder sehen. Nie! Meine Abwehr gegen das Geschaute ist gewaltig stark und doch hat sich das schreckliche Bild fest in mir eingeprägt. Ich habe einen David geboren, der ein völliger Krüppel ist. Schnell stecke ich einen Zipfel meines Bettbezuges in den Mund … und beiße und beiße in das Leinentuch, um nicht vor innerem Schmerz aufzuschreien.

Meine Augen öffnen sich aus einem gelähmten Körper. Kein Laut folgt mehr aus meinem völlig trockenen Mund. Die Krankenschwester nimmt das Bündel und legt es behutsam ins Kinderbettchen, das die Hebamme ins Zimmer gerollt hat. So hat Ivan, mein Mann, mich noch nie erlebt, der schweigend neben mir steht. Der Arzt hat ihn im Flur abgefangen und informiert. Seine Lippen berühren zärtlich meinen offenen Mund – seine Tränen tröpfeln auf meine Wangen. Ich sehe den Menschen, den ich am meisten liebe. Aber dazwischen schiebt sich vage das Krüppelbild unseres Erstgeborenen; ein Schreckensbild, das sich mir vor ein paar Minuten fest und wohl für immer ins Gedächtnis prägte.

»Valentina, mein Schatz, du hast die Geburt überlebt und einen Sohn geboren, den Gott uns schenkte – so wie er ist.«

Ivan befeuchtet meine Lippen und zupft mit seinen Fingern meine Haare zurecht, die im Geburtskampf wild durcheinander geraten sind.

»Schatz, wie oft haben wir es in den Predigten gehört und daheim wiederholt: Gott macht keine Fehler!«

Ich nicke. Mein schockartiger Krampf löst sich. »David ist Gottes Geschenk an uns. Er ist unser Kind!«, kann ich leise sagen.

Ivan steht noch immer neben meinem Bett. Er faltet seine Hände, in die er meine Hände legt, und betet:

»Lieber himmlischer Vater. Dank für David. Ich weiß nicht, wo meine Vorfreude auf das Kind geblieben ist, aber du hast uns ein Geschenk bereitet, das ich annehme. Du schenkst neuen Mut, neue Kräfte – so viel Valentina und ich zukünftig brauchen. Das ist mein Glaube: Du bist gut zu uns. Amen.«

Ein wenig habe ich mich aufgerichtet und sage, so laut ich kann: »Amen!« Dann falle ich in die Kissen zurück.

Am nächsten Tag reden die beiden Ärzte mit uns. Sie reden nicht um den heißen Brei herum. Hier haben wir es mit einem typischen Tschernobyl-Fall zu tun. Viele Kinder in der Ukraine haben unter den Spätfolgen der Atomkraftwerk-Explosion zu leiden, die 1986 so viel Leid und Elend über unser ukrainisches Volk gebracht hat. Die Ärzte sehen keine Überlebensmöglichkeit für unser Kindchen. Wie lange es leben wird, lässt sich nicht berechnen, aber es wird sterben müssen. Bald. Ihr ärztlicher Befund ist klar und unmissverständlich.

Diese Worte hören wir, aber sie dringen nicht zu uns durch. Bald wird David sterben? Soeben geboren und schon dem Tode geweiht? Es will nicht in unsere Köpfe! Freunde besuchen uns. Sie beten mit uns. In den Gebeten äußern sie sehr starke Hoffnung auf das Leben für unser Kind. Am stärksten trifft uns das Wort vom Pastor Vitalij, der gekommen ist, das Kind zu segnen. Als er seine Bibel aufschlägt, liest er aus dem Evangelium nach Johannes, Kapitel 14, Vers 19. Der Herr Jesus sagt: »Ich lebe. Und ihr sollt auch leben!«

Er erklärt: »Das Leben des kleinen David hat seine Ursprünglichkeit im Wesen des Schöpfers. Und weil das so ist, will Jesus Christus in dem kleinen David wohnen. David wird eines Tages teilhaben am Leben unseres Herrn. Das ist darum so, weil der Schöpfer ihn umhüllt und ihn in Seine ewige Liebe grundsätzlich aufgenommen hat. Der Anbruch dieses Lebens ist in David gegenwärtig, die Vollendung dieses Lebens liegt absolut in Gottes mächtigen Händen. Leben ist immer Teil der absoluten Hoheit Jesu und dieses Leben unterliegt niemals der Hoheit kluger Arztkunst.«

Leben für David! So beschließen wir Eltern mit der Gemeinde nach viel Gebet. Eine erste Operation soll in Kiew an dem drei Wochen alten Baby erfolgen. Wir wissen, dass noch weitere Eingriffe durchgeführt werden müssen, wenn David eines Tages selbstständig gehen können sollte. Um es kurz zu machen: Insgesamt wird unser Junge fünfmal operiert. Alle unsere Ersparnisse fließen in Krankenhausaufenthalte und Ärztehonorare. Viele von euch haben uns unterstützt – mit euren Gebeten und finanziellen Opfern. Habt herzlichen Dank für eure Liebe. Erwähnen will ich auch, dass die Mission Ost-West aus Deutschland, die Pastor Gerhard Jan Rötting leitet, uns stark unterstützt hat. Ohne diese großen Opfer hätten wir Eltern es wohl nicht geschafft, David stets neu operieren zu lassen. Als wir seinen sechsten Geburtstag feierten, konnte er sich nur kriechend fortbewegen.

Kurz danach erfolgte die entscheidende, fünfte Operation in Kiew. Auch die hat David gut hinter sich gebracht – wenn auch mit unvorstellbar großen Schmerzen.

Und ist es nicht ein Wunder? Heute kann unser achtjähriger Sohn die Schule besuchen. Und er ist ein guter Schüler: Aufgeweckt, klug, wissbegierig, fleißig. Vor allem ist er dankbar – allen seinen Helfern. Er besucht die zweite Klasse der Volksschule. Liebe Freunde, meine Schwestern und Brüder, schaut, da kommt unser David!«

Aus der Menge der Gemeindeglieder schreitet der Dreikäsehoch in Richtung des Podiums – auf seine Mutter zu, die das Mikrofon aus der Hand legt und ihre Arme weit öffnet. Mehr als tausend Menschen sehen, wie David über die Wiese humpelt. Ich halte den Atem an, weil ich befürchte, dass der Junge gleich über seine eigenen Beine stolpert. Doch nein, zielbewusst kommt er aufs Podium zu, klettert die fünf Stufen hoch und kommt zu uns – ohne Gehhilfe.

Ich schäme mich, weil ich ein Taschentuch benutzen muss, um meine Tränen aus dem Gesicht zu wischen. Doch dann sehe ich wie in der Menge die Leute weinen. Andere halten ihre Hände vor den Mund, weil sie es nicht fassen können, dass David allein gehen kann. Wir alle staunen. Die Gemeindeglieder, die einen Sitzplatz haben, erheben sich.

Doch bevor der Kleine seine Mutter erreicht, bleibt er vor mir stehen. Hat er mich von einem Foto erkannt? Mir wurde vielfach gesagt: In vielen Familien, in denen sogenannte »Tschernobyl-Kinder« zuhause sind, steht ein Bild von mir, das oft mit Dank betrachtet wird. Diese Fotos erinnern daran, für die deutschen Spender zu beten. Längst nicht alle diese Kinder habe ich gesehen, aber für alle habe ich gebetet. Mission Ost-West hilft durch die einheimischen Ortspastoren, denn sie wissen ja am besten, wo die Tschernobyl-Nöte ganze Familien in unsagbares Elend stürzten.

Da steht nun eines dieser »gezeichneten« Kinder vor mir und das berührt mich sehr. Sein Lächeln werde ich so schnell nicht vergessen. Still lege ich dem tapferen David die Hände auf seinen blonden Haarschopf und segne ihn still in Jesu Namen. Der Junge hat währenddessen seine Augen geschlossen – bis ich meine Hände von seinem Kopf nehme und ihn an mich drücke.

Dann stellt sich David neben seine Mutti. Er ist vom Gehen erschöpft, aber dann ruft er in die Menge: »Ich danke euch allen!« Er dreht sich zu mir mit einem »Danke, Pastor Rötting, für Ihre Liebe zu meinen Eltern und mir!« Was ich ihm nicht sagen kann, das sage ich jetzt im Stillen unserem Herrn Jesus: »Du hast heilend an David gewirkt. Dafür danke ich Dir, geliebter Herr Jesus; doch dieser Dank des Jungen gehört hunderten Freunden in Deutschland. Segne sie alle, die ihre Gaben für dieses Tschernobylkind gegeben haben – und für viele andere Kinder auch.«

Irgendjemand reicht dem Kleinen nun das Mikrofon. Erst lehnt er es ab. Doch dann ergreift er es. Mehr als tausend Leute stehen da und warten auf ein Wort des kleinen David. Er schaut seine Mutter an. Sie lächelt ihm zu: »Sage, David, was dir jetzt am wichtigsten ist.« Der Junge nickt und spricht mit kräftiger Stimme, sodass alle es durch die Lautsprecher hören:

»Ich danke Gott. Und – und ich liebe ihn.«

Eine Minute lang liegt eine große Stille über der Versammlung. Ich sehe und höre, wie so mancher seine Nase schnäuzt.

Dann stimmt der Chor spontan das bekannte Erweckungslied an:

Welch ein Freund ist unser Jesus.
O wie hoch ist Er erhöht!
Er hat uns mit Gott versöhnet
und vertritt uns im Gebet!
Wer mag sagen und ermessen,
wie viel Heil verloren geht –
wenn wir nicht zu Ihm uns wenden
und Ihn suchen im Gebet!

Wenn tausend und mehr Christen von Jesus singen, dann füllt solcher Gesang eine große Kirche aus. Hier auf der Wiese verliert sich das Singen in der Weite – über die erntereifen Maisfelder bis zum Waldrand. »Macht nichts!«, denke ich, denn auf diese Weise bekommen auch die herum schwebenden schwarzen Dohlen, die quakenden Frösche, die uns störenden Fliegen und Mücken, die in Sichtweite herum watschelnden Gänsescharen mit ihrem Schnattern und Fauchen, ja die ganze Schöpfung Gottes den Lobpreis der Christen mit, die den »Herrn aller Welten« ehren.

Während der Chor singt, hält David noch immer das eingeschaltete Mikrofon in der Hand und weiß nicht, wem er es geben soll. Aber der Junge will mitsingen. Nun gut, dann singt er eben ins Mikrofon. Über die Lautsprecher schallt seine klare Kinderstimme, die den tausendfachen Gesang der Gemeinde hell übertönt:

… da erweist sich Jesu Treue,
wie Er uns zur Seite steht
als ein mächtiger Erretter,
der erhört ein ernst Gebet.

Es ist wie Himmelsgesang. Still schicke ich meinen Dank zu dem, der zwar unsichtbar, aber inmitten von tausend Gläubigen da ist: Jesus, der rettende Heiland. Wohl jeder spürt nun die erbarmende Liebe, die uns erreicht hat, die uns umhüllt und die unserem Leben zutiefst Sinn verleiht. Seine göttliche Liebe prägt ganz gewiss fortan unser Leben.

Als nach einem gefährlichen Fahrradsturz ein glückliches Leben anfängt

2

Die Handlung spielt in der Gemeinde Gildehaus, einem Ort in der Grafschaft Bentheim. Gildehaus, heute Ortsteil der Stadt Bad Bentheim, liegt am Rande eines Bergrückens des Teutoburger Waldes in der Nähe der deutsch-niederländischen Grenze. Der Zweite Weltkrieg ist beendet. Wir schreiben die Jahre 1945 bis 1949.

Die Personen:
Gerhard Rötting, der Vater
Geertruida Rötting, die Mutter
Gerhard Jan Rötting, der Sohn
Hans Joachim Muth, Pastor in Gildehaus
Pauline, seine Frau
Elsabetha und Konstantin Muth, die Pastorenkinder
Alfred, der Freund von Gerhard Jan

Mutter steht oft auf der Terrasse. Von hier aus geht der Blick zwölf Kilometer weit ins Gildehäuser Venn. Eine Moorlandschaft – soweit das Auge reicht. Bei gutem Wetter sieht man sogar in die Niederlande, wo unsere Heimat ist.

Die Kriegswirren haben bewirkt, dass wir unser niederländisches Zuhause verlassen mussten. Ich trauere am meisten um mein Violoncello. Als britisches Militär unser Haus besetzte, hat ein Soldat das von mir so geliebte Instrument in den Garten geworfen. Mit beiden Stiefeln trat er in das Cello. Es zerbarst klirrend. Als Nina, unsere gute Hausfee, mir von der Zerstörungswut des britischen Soldaten erzählte, zerbrach in mir jedes schöpferische Talent.

Nun leben wir in Deutschland, unweit der deutsch-niederländischen Grenze, aber in einem für uns völlig anderem Land. In der politischen Lage deutet nichts darauf hin, dass wir je wieder »nach Hause« zurück können. Die Grenzen sind absolut dicht. Nach Hause! Niemals wieder? Dort, dort steht unser Haus. Da liegt unser Garten, dort leben die Verwandten. Und die Augen spähen in die Ferne und finden doch nichts als dunkle Baumschatten am Horizont.

Mutter sehnt sich heim. Und doch weiß sie zutiefst, dass daraus nichts wird. Die große Terrasse unserer kleinen Behausung ist für sie zwar wie ein Sprungbrett, aber sie wird nie in ihre geliebte Heimat abspringen können. In ihrer Trübsal hört sie nicht mehr die zwitschernden Vogelstimmen. Sie freut sich nicht der allabendlichen Sonnenuntergänge. Mit niemandem im Dorf kann sie sprechen, denn sie versteht das Deutsche nicht – weder die Sprache noch die Mentalität der Dorfbewohner in Gildehaus. So schaut sie ins Weite wie eine Suchende. Aber ich spüre, wie verzweifelt Mutter deshalb ist, weil auch ihre Philosophie kein Lebensfundament bietet. Schopenhauer, ach ja, Arthur Schopenhauer, wie oft haben Vater und Mutter seine Gedanken geteilt. Vor Jahren daheim in den Niederlanden – und jetzt? Jetzt?!

»Die Verdrängung des Willens zum Leben ist der Ursprung des Leidens.« Wie oft habe ich diesen philosophischen Leitsatz schon als Kind von den Eltern gehört, wenn sie mit Freunden und Verwandten am offenen Kamin stundenlang diskutierten. Nie habe ich die Tiefe und Bedeutung solcher klugen Gedanken verstanden. Und jetzt - steckt unsere Familie tatsächlich im Leid. Gibt Schopenhauer mit seiner Philosophie den Eltern keine sinnvolle Antwort, wie sie aus dem Schlamassel herausfinden? So fragte ich mich. Ihr Lebenswille scheint völlig gebrochen zu sein. Mit den Eltern über den Ursprung ihres Leidens zu reden, lasse ich lieber bleiben. Es würde bei Vater dem Öffnen eines glühenden Hochofens gleichkommen. Und bei Mutter den Wasserstand ihres Tränensees nur noch ansteigen lassen. So lebe ich zwischen den leidenden Eltern wie in einer Wüste. Für mein junges Leben – mit meinen vierzehn Jahren – haben weder Vater noch Mutter Antworten auf meine vielen existentiellen Fragen, weil sie mit sich selbst nicht klarkommen. Es fehlt ihnen ein stabiles Fundament und nach solcher Stabilität, nach solchem Fundament suche ich.

Vater findet sich »als Deutscher« eher zurecht. Er spricht nämlich Deutsch, was ich bewundernswert an ihm finde. Auch hat er als Orthopäde bald eine handwerkliche Arbeit gefunden. In einer, ihm berufsfremden, Holzschuhfabrik gibt er sein orthopädisches Wissen und Können weiter. Auch wenn er sich schwertut, kann er immerhin die Familie ernähren. Holzschuhe werden bei den Bauern gegen Butter und Kartoffeln, Speck und Roggen eingetauscht. Das Tauschgeschäft fängt an zu blühen. Vater raucht selbstgepflanzten Tabak, aber ist und bleibt nicht weniger als Mutter deprimiert. Was ihn so fertigmacht und abmagern lässt, ist wahrscheinlich sein Heimweh. Die philosophischen Gespräche mit Mutter haben gänzlich aufgehört, weil sie ihm inzwischen als schwachsinnige Theorie vorkommen. Daheim wird nur das Allernötigste gesprochen. Und Mutter lacht nicht mehr – wie früher. Sie war bekanntlich eine Frohnatur und konnte oft herzhaft lachen. Aber das war einmal.

Mit meinen vierzehn Jahren brauche ich Antworten. Antworten auf einfache und auch tiefere Fragen. Zu Hause finde ich sie nicht. Vater hat sich mir gegenüber mehr und mehr verschlossen. Aber ich brauche Antworten, die mir zugleich Ziele aufweisen.

Im Garten stehen sieben Koniferen. Zwischen ihnen sitze ich immer öfter und grüble nach. Ich verdanke meinen Eltern unendlich viel. Ja, ich liebe sie und fühle mich doch unnütz. Aber ich will nicht so werden wie sie und bin traurig über die niederdrückende Atmosphäre in unserem Zuhause. Wie gerne würde ich meinen Eltern helfen! Aber ich bin zu jung, um mit ihnen ein gutes Gespräch zu führen. Ich wische mit den Hemdärmeln die salzigen Tränen ab. Denn ich will nicht, dass die Eltern sie sehen. Warum hilft ihre Philosophie nicht? Ich will raus aus dieser Trostlosigkeit, aus dieser Schieflage. Aber wie?

»Vater, kennst du keinen Ausweg für uns? Für mich? Du weißt doch sonst so viel. Bisher hast du immer alles gewusst. Das hat mir geholfen!«

Statt zu antworten, tobt Vater los. Seine Wutanfälle erfolgen nun in wöchentlichen Abständen und werden immer heftiger. Dann verkrieche ich mich wieder zwischen den sieben Koniferen … und weine mich aus. Die Turteltauben setzen ihr Gurren aus. Es wird still um mich. Der Wind setzt mit einem sanften Säuseln ein – könnte das kühle Wehen doch meine verletzte Seele erreichen! Wie unnütz komme ich mir vor!

Neuerdings wage ich mich auf die Straße. Finde ich hier Freunde? Ein paar deutsche Brocken habe ich ja inzwischen gelernt. Reichen sie aus, um Freunde zu finden?

Alfred ist in meinem Alter. Ein Dorfjunge. Immerhin besitzt er ein Fahrrad, mit dem er durch die Straßen flitzt und Kunststücke vollführt. Ich beneide ihn. Könnte ich doch auch einmal wieder Fahrrad fahren! Vorsichtig äußere ich meinen Wunsch beim Abendessen. »Ein Fahrrad möchtest du? Kommt überhaupt nicht in Frage. Wir sind arm – und werden es wohl immer bleiben, solange wir in Deutschland sind«, reagiert Vater.

Die nahen Kirchenglocken läuten. Ohne meinen Eltern Bescheid zu geben, springe ich die Stufen des schmalen Steges hinunter zur Kirche. Mal sehen, was sich da tut. Zahlreiche Menschen betreten das Gebäude, das ich nie von innen sah. Soll ich reingehen? Alle Leute sind so feierlich in Schwarz gekleidet. Passe ich mit meiner kurzen Hose, dem geflickten Hemd und den Sommersandalen überhaupt zu ihnen? Die Kirchgänger unterbrechen ihr Gespräch als sie mich sehen. »Ist das nicht der niederländische Gerhard? Was will der Flüchtlingsbub hier?«, meine ich in ihren fragenden Gesichtern zu lesen. Aber zurück kann ich in diesem Moment auch nicht mehr. Das sähe bestimmt komisch aus. Also reihe ich mich in die Schar derer ein, die würdig das Gotteshaus betreten. Da scheint ja überhaupt kein Platz mehr frei zu sein. Und mich in irgendeine Bank zwischen fremde Menschen quetschen? Ich bleibe unschlüssig am Eingang stehen. Die Hereinkommenden drängen mich: »Junge, gehe weiter!« Aber das will ich nicht. Links und rechts hinter der Kirchentür sehe ich Treppen. Das ist es: Mit wenigen Sätzen bin ich oben. Aber auch hier sitzen bereits Leute – vor allem junge Erwachsene und

Jugendliche. Soll ich umkehren und nach Hause gehen?

Eine Weile stehe ich unschlüssig da, dann setzt die Orgel mit einigen herrlichen Akkorden zum Eingangsspiel an. Wie lange habe ich keine Musik mehr gehört! Ein Radio haben wir in unserem Flüchtlingsheim nicht. Mein Violoncello – es liegt irgendwo in den Niederlanden … zertrampelt von britischen Soldatenstiefeln … daran will ich jetzt nicht denken. Die Orgelklänge berühren meine Seele. Die ganze Kirche ist bis in alle Ecken voll mit harmonischer Orgelmusik. Meine Seele weitet sich: Musik, die meinem kleinen Herzen wohltut. Neugierig schaue ich dem Orgelspieler zu, der mit Leichtigkeit seine beiden Hände über die drei Manuale bewegt.

Der Gottesdienst beginnt. Eine laute Stimme dröhnt nun in meinen Ohren. Doch ich verstehe kein Wort. Macht nichts! Dafür kann ich mit dem Rücken an der geschnitzten Holzeinrahmung der mächtigen Orgel stehen. Ob sie mehr als tausend Pfeifen hat? So dröhnend kommt mir die Klangfülle vor. Bei dem nächsten Lied halte ich blitzschnell meine Handflächen an die Holzverkleidung der Orgel und empfange die gewünschte vibrierende Harmonie und schließe die Augen. Dieser Zustand kann meinetwegen Stunden weitergehen, denn hier ist keine Trostlosigkeit wie zu Hause, keine atmosphärische Spannung, wie meine Eltern sie erzeugen, weil sie ohne Hoffnung sind. Ein eigenartiger Gedanke keimt auf: Könnte ich hier stehen. Lange. Bis meine Seele wieder gesund ist. Hier fühle ich mich wohl. Hier ist Friede. Ich beobachte die Menschen, wie sie singen. Wie sie ihre Hände falten und still oder gemeinsam beten. Was ist das für eine Umgebung! Was sind das für Augenblicke! Ich habe mein Alter vergessen. Auch die kurze Hose und das geflickte Hemd. Ich bin nur glücklich.

Der Organist schlägt Notenbücher auf und ich spüre, wie er mich zwischendurch aufmerksam betrachtet. Wird er es mir gleich verbieten, die Holzverkleidung der Orgel anzufassen? Ich schaue ihn ein wenig ängstlich an. Aber er nickt mir zu und lächelt verständnisvoll. Sein Blick gefällt mir und tut mir gut. Er erinnert mich an meinen jüdischen Musiklehrer Bram, bei dem ich Geige und insbesondere das geliebte Violoncello spielen erlernte. So einen Freund möchte ich wieder haben. Die tausend Pfeifen erfüllen brausend und vibrierend die Kirche, es wird ein weiteres Lied gesungen.

Während der langen Predigt halte ich meine Hände immer noch an der Orgelverkleidung. Der lautstarke Mann im schwarzen Rock und vorgebundenen weißen Schlabberlatz steht in einer runden Kiste, zu der zehn oder zwölf Stufen führen. Über seinem Kopf eine hölzerne Schalldecke. Auf diese Weise überblickt er alle Leute in der Kirche und jeder kann ihn bestens hören. Nur seine Worte sagen mir nichts. Manchmal schaut er auch zur Empore hinauf, wo die junge Dorfgeneration ihm meistens andächtig zuhört. Ob er mich sieht?

Nicht die Orgel allein hat mich glücklich gemacht, der ganze Gottesdienst wirkt eine Zufriedenheit, die mich dankbar stimmt und mich, wie seit langem nichts mehr, beeindruckt. Gelacht wird hier auch nicht, aber dies ist wohl die glücklichste Stunde, seitdem ich nach Deutschland kam. Und das ist nun schon fast ein Jahr her.

Der Organist hat das letzte Lied intoniert und den Gemeindegesang begleitet. Die Veranstaltung scheint beendet. Er stapelt die Notenbücher zurecht, schließt die Orgeltastatur ab, nimmt seine Aktentasche mit den Noten und wirft mir einen Blick zu, der mir viel bedeutet. Dann kommt er auf mich zu, sagt etwas mir Unverständliches, streicht mir flugs über den blonden Haarschopf und geht die Treppe runter. Langsam folge ich ihm. Wir sind die Letzten, die die Kirche verlassen. An der Tür streckt er mir schweigend seine Hand entgegen. Wahrscheinlich ahnt er, dass ich kein Deutsch sprechen kann. Er geht nach Hause … ich auch!

Ein väterliches Donnerwetter erwartet mich daheim, als ich von meinem »Ausflug« in die Kirche erzähle: »Nun fange nicht auch noch an, fromm zu werden!« Mutter beschwichtigt den

Vater, was diesen noch mehr in Wallung bringt. Mit den Augen gibt sie mir zu erkennen, die Wohnküche zu verlassen. Ich sitze wieder zwischen den hohen Koniferen und fasse den Beschluss, nächsten Sonntag wieder zur Kirche zu gehen und wieder an der Orgel zu stehen. Eine volle Stunde in der Woche Harmonie erleben, danach sehne ich mich.

An all den kommenden Sonntagvormittagen verschwinde ich von zu Hause und nur Mutter weiß, wo ich bin und freut sich über mein Glück.

Alfred, mein Nachbarfreund, drückt mir heute sein Fahrrad in die Hand: »Sei aber vorsichtig damit. Keine Schramme! Meine Eltern dürfen nichts davon erfahren. Sie wollen nicht, dass ich mein Fahrrad ausleihe. Versprochen?«

Ich reiche ihm die Hand. Seine Worte verstehe ich nur bruchstückhaft, aber er ruft mir mahnend nach:

»Fünf Minuten – nicht länger« – oder so ähnlich.

Hurra! Fahrradfahren! Hui! Erst drehe ich ein paar Runden auf der Bergstraße. Nun fahre ich in die steilste Gasse, die es in Gildehaus gibt. Kopfsteinpflaster. Unten ist noch eine scharfe Kurve zu nehmen. Macht nichts: Hineintreten in die Pedalen! Den Lenker fest in Händen! Der Fahrwind um die Ohren! Beschleunigung auf »geht nicht höher«! Das Kribbeln im Bauch erreicht seinen Höhepunkt!

Zehn Meter vor mir öffnet sich die Haustür des ehrwürdigen Herrenhauses. Ein dreijähriges Mädchen springt fröhlich auf die Straße. Wohin? Genau auf das Vorderrad zu. Im hohen Bogen fliege ich auf das Pflaster, schlage mit dem Kopf auf, rechter Arm und beide Knie schmerzen gewaltig. Das Mädchen schreit. Das Fahrrad liegt neben mir. Der Kopf schmerzt derart, dass ich nicht hinschauen kann – nicht hinschauen mag, was von dem schönen Fahrrad noch übrig geblieben ist. Alfreds Stimme ist mir nahe: »Sei aber vorsichtig damit. Meine Eltern dürfen nichts davon erfahren … dass ich das Fahrrad ausleihe …«

Es riecht nach Blut. Ein Mann kommt aus dem Haus gerannt: »Elsabetha! Kind! … Elsabetha!« Ich kriege noch mit, wie der Vater sein lautbrüllendes Kind von der Straße aufhebt und ins Haus trägt. Doch meine Sehkraft lässt nach. Blut tröpfelt mir in beide Augen. Ich verliere das Bewusstsein.

»He! Wach auf!« Jemand klopft mit der Hand an meine Backen. »He, versuche, wach zu bleiben!«

Sehen geht nicht mehr, denn das Blut verklebt die Augenlider. Ein Mann hebt mich hoch und trägt mich von der Straße weg. Mir ist schwarz vor den Augen. Als ich aus erneuter Bewusstlosigkeit aufwache, sehe ich in das Gesicht eines Mannes.

»He, versuche, bei uns zu bleiben … bei uns zu bleiben!«

»Wo bin ich?«

»Nun erst einmal tief durchatmen. Ja. Und noch einmal!«

Mutmachende Worte, die stärker sind als mein Stöhnen vor Schmerzen. In einem mir fremden Wohnzimmer liege ich auf einem Sofa. Möbel und Bücherregale scheinen sich im Kreis zu drehen.

»He! Nicht wieder in Ohnmacht fallen! Ver-

suche, wach zu bleiben! Bitte, bleibe bei uns!«
Dann ist das Gesicht eines Mannes meinem
Kopf ganz nahe. Ich versuche, zu schauen.

»Meine Frau kommt gleich wieder. Sie versorgt Elsabetha. Es geht ihr gut. Nur ein paar
Abschürfungen. Ihr Schreck ist wohl größer als
der Schmerz. Aber dein Kopf und die beiden
Knie sehen nicht gut aus. Paulina, meine Frau,
kommt in wenigen Minuten. Hier ist erst einmal ein Schluck Wasser. Versuch mal, das Glas
leer zu trinken.«

Der Mann hebt mich an den Schultern hoch
und hilft mir beim Trinken. Kenne ich dieses
freundliche Gesicht von irgendwoher? Das
Nachdenken fällt in sich zusammen.

Mutter und Töchterchen kommen zur Tür
herein. Die Frau des freundlichen Mannes trägt
eine weiße Schürze und hat eine große Flasche
Borwasser und Verbandsmaterial mitgebracht.
Das Töchterchen bleibt an der Tür stehen, hebt
den Finger in meine Richtung und schaut die
Eltern an:

»Ist das der Umfahrer?«

Der Vater nimmt sein Kind hoch und kommt
langsam auf mich zu:

»Ja, das ist dein Umfahrer. Sieh nur, welch große Wunden er am Kopf hat. Seine Hose ist an beiden Knien aufgerissen. Auch seine Jacke ist zerrissen. Das kommt davon, weil du ungehorsam bist. Denn wir hatten es dir nicht erlaubt, auf die Straße zu gehen. Und dann bist du uns doch davongerannt. Elsabetha, fällt dir dazu etwas ein?«

Das Mädchen drückt ihren Kopf eng an den ihres Vaters und leise höre ich die Kinderstimme sagen:

»Vati, ich werde jetzt immer gehorsam sein. Immer.«

Der Vater gibt ihr einen Kuss und fragt:

»Und was sagst du deinem Umfahrer?«

Elsabetha will vom Arm ihres Vaters runter. Sie nähert sich mir:

»Umfahrer, du hast viele Schmerzen. Das hat Mutti mir erzählt. Aber ich verspreche es dir: Nie wieder werde ich die Haustür öffnen und auf die Straße rennen. Nie wieder.« Soviel ich verstehe, soll das wohl ihre Entschuldigung sein. Ich versuche zu lächeln. Der freundliche Mann zieht sich einen Stuhl heran und sitzt nun neben mir:

»Es tut uns leid, das Elsabetha dir so viel Schmerzen zufügte. Sie ist eben ein Springins-feld.«

Ich zucke mit den Achseln, weil ich seine Worte nicht verstehe.

»Sag, bist du der Junge, der jeden Sonntag auf der Kirchempore an der Orgel steht?«

Diese Frage verstehe ich halbwegs und nicke vorsichtig mit dem Kopf. Nun kann ich dieses Männergesicht einordnen. Ich liege im Wohn-zimmer des Mannes, der Sonntag um Sonntag in der Kirche die Stufen zum Holzkasten hoch-steigt. Er ist es, der im schwarzen Mantel – mit dem weißen Schlabberlatz unter dem Kinn – laut predigt.

»Pauline, der Umfahrer ist der Flüchtlings-junge vom Berg! Er spricht kein Deutsch, dafür aber umso besser Niederländisch und Englisch, nicht wahr?«

Die Hausmutter kommt mit einer großen Schere in der Hand aus der Küche. »Ja, das ist er! Das ist er!«, ruft sie. Sie lächelt mich an: »Dann sprechen wir eben Englisch miteinander. Wenn ich deine Haare um die Kopfwunden weggeschnitten habe, dann siehst du gleich anders, viel besser aus. Wie ist eigentlich dein Name?«

Elsabetha ist schneller als ich: »Er heißt Umfahrer!« Sie springt im Zimmer hin und her und freut sich über die Namensgebung.

Mit der großen Schere schneidet die Hausmutter auch die Hosenbeine auf. Sie scheint meinen Schrecken zu verstehen, denn ich besitze nur diese eine Hose und diese eine Jacke. »Gerhard, das muss jetzt sein, sonst kann ich deine Wunden nicht versorgen. Und die Löcher in deiner Hose sind so groß.« Sie formt mit beiden Händen einen großen Kreis. »Aber Hans-Joachim, mein Mann, hat oben noch zwei, drei Hosen. Eine davon wird dir passen. Mach dir keine Sorgen. Erst will ich mir die Verletzungen anschauen.«

Eine langwierige Prozedur. Es kommt Jod in die Wunden. Als alle Wunden an Kopf, Arm und Beinen verbunden sind und ich in der guten Hose des Ortspastoren am Tisch sitze, um zwei leckere Brotscheiben zu verzehren, sagt die Hausmutter: »Morgen Vormittag um zehn kommst du wieder. Dann nehme ich die Verbände ab, reinige die Wunden und verbinde sie neu. Und nun wird mein Mann dich nach Hause bringen. Einverstanden?«

Pastor Muth nimmt das demolierte Fahrrad auf die Schulter und packt mich fest am Arm. Das Gehen fällt mir schwer. Ich schäme mich, mit einem weißen Turban-Verband nach Hause zu kommen. Mutter fragt entsetzt: »Junge, was ist passiert?«

Der Ortspastor stellt sich vor, erzählt vom Ungehorsam seiner dreijährigen Tochter Elsabetha und wie seine Frau, die Krankenschwester ist, mich versorgt hat. »Und jetzt soll er sich hinlegen, da höchstwahrscheinlich eine Gehirnerschütterung vorliegt. Und morgen um zehn Uhr komme ich, um ihren Sohn abzuholen, denn dann schaut meine Frau alle Wunden an und verbindet sie neu.«

Mutter bedankt sich. Als Pastor Muth schon im Türrahmen steht, dreht er sich um und schaut mich an: »Gerhard, das mit dem kaputten Fahrrad, das regele ich mit Alfred und seinen Eltern. Sei unbesorgt. Gute Besserung, schlaf viel! Sei gesegnet – in Jesu Namen.«

Solche Worte habe ich noch nie gehört: Sei unbesorgt! Sei gesegnet – in Jesu Namen. Die Worte des Pastors hallen lange in mir nach.

Neun Tage braucht es, bis die Wunden verheilen. Der Turban am Kopf aber muss noch bleiben. Jeden Vormittag bin ich um zehn Uhr im Pastorat. Am ersten Sonntag nach dem Unfall werde ich von der Pastorenfamilie zum Mittagessen eingeladen. Zur Familie gehört auch Konstantin, das anderthalbjährige Brüderchen. Die Kinder spielen gern mit mir – und ich mit ihnen. Nach jeder morgendlichen Behandlung bleibe ich darum noch eine halbe Stunde im Pastorat, sei es, um mit den Kindern zu tollen oder um still im Studierzimmer des Pastors zu sitzen. Pastor Muth hat so viele Bücher, dass die hohen Wandregale nicht ausreichen, um sie darin aufzubewahren. Darum liegen stapelweise Bücher auf dem großen Tisch und auf allen Stühlen, ja sogar auf dem Boden. Der Pastor ist ein gelehrter Mann. Stimmt! Aber was mir mehr als seine Gelehrsamkeit auffällt, ist, dass er betet. Wenn er von Jesus Christus spricht, dann höre ich aus seinen Worten: Der Sohn Gottes ist sein Freund. Mehr noch, er liebt Ihn als seinen Herrn! Welch ein Unterschied: Zu Hause ständig Spannungen – hier im Haus ist Friede. Könnte dieser Friede doch auch Einzug in unsere Familie halten!

Im Herbst duften die Koniferen besonders herb. Das Klima daheim ist zum Weglaufen. Die Eltern sind niedergeschlagen, vor allem Mutter. Sie vermitteln mir keinen inneren Halt, den ich als junger Mensch so dringend benötige. Sie quälen sich mit sich selber. Beim tiefen Einatmen des Duftes der Koniferen kommt mir die Einsicht: Erwarte keine helfenden Aussagen von Vater und Mutter. Es ist an der Zeit, dir selber ein Fundament unter die Füße zu verschaffen.

Meine Finger habe ich verschränkt um die angezogenen Knie gelegt. Zufällig? Die Hände ineinander legen, ist das nicht die Gebetshaltung der Christen? Mein Herz fängt an, spürbar heftiger als sonst zu schlagen. Die Hände zusammenlegen, das ist das eine. Das andere ist, Worte zu finden. Worte an Gott zu richten. Ob Er sie hört? Ach was! Wie sollte Gott mich hören? Und doch: Millionen Christen beten. Zweifeln sie alle daran, dass Gott keine Ohren hat? Ich mag so nicht denken! Wartet Gott womöglich schon auf meine Worte? Das ist es! Mein Kopf senkt sich auf meine angezogenen Knie: »Gott, hier bin ich. Zwischen den Koniferen. Ich will mich von Dir finden lassen. Amen.«

Ich bin aufgestanden. Die helle Sonne leuchtet zwischen dem hohen Grün der Bäume. Ein helles Licht ruht auf meinem Gesicht. Ich empfange dankbar dieses stille, helle Leuchten. Licht empfangen, um Licht weiterzugeben. In der Familie leben, um ein stilles Licht zu sein. Was ich jetzt an Freude spüre, weitergeben an Vater und Mutter. Nichts mehr von den Eltern fordern, aber sie helfend unterstützen. Ein dankbarer Sohn sein – während du dabei erwachsen wirst.

Am zweiten Sonntag nach dem Unfall bin ich wieder nach dem Gottesdienst zum Mittagessen bei der Pastorenfamilie eingeladen. Morgen kommt auch der Turban weg, meint die Hausmutter. Ich denke: Gut, dann bin ich gesund. Aber dann brauche ich vormittags nicht mehr zu kommen. Dann ist eben diese Zeit hiermit beendet, die von harmonischem »Glück« stark erfüllt ist. Wie gut, dass mir der Gottesdienstbesuch bleibt und ich sonntags an der Orgel stehen kann.

Der Pastor – hat er meine Gedanken erraten? – legt seine Hand auf meinen Arm:

»Gerhard, wir haben erlebt, wie tapfer du die Schmerzen ertragen hast. Das hat uns imponiert. Morgen wird Pauline, meine Frau, dich ein letztes Mal behandeln. Wir haben miteinander überlegt, dass du auch zukünftig jeden Tag für eine Stunde zu uns kommst. Besser gesagt, zu mir. Denn es geht so nicht weiter mit dir.«

Pastor Muth schaut seine Frau an:

»Pauline, sage du es Gerhard, was wir überlegt haben.«

Was geht »so nicht weiter«, frage ich mich im

Stillen. Es ist aber Elsabetha, die das Schweigen beendet:

»Weißt du was, Umfahrer? Vati will sich nicht mehr mit dir unterhalten … auf Englisch. Du sollst so sprechen wie wir!«

»O du vorlaute Elsabetha!« Die Eltern fragen lachend: »Kind, wo hast du das her?«

»Ich habe hinter der Tür gelauscht, als ihr über den Umfahrer gesprochen habt.«

Nach dem Dankgebet bringt die Hausmutter die beiden Kinder ins Kinderzimmer, wo sie ihre Mittagsruhe halten sollen. »Tschüss, Umfahrer!«, rufen sie mir zu.

Der Pastor führt mich in sein Studierzimmer:

»Unsere Elsabetha hat richtig gehört. Sieh, Gerhard, deine Eltern wohnen jetzt in Deutschland. Nun wird es Zeit zu überlegen, wie du die deutsche Sprache möglichst bald lernst. Was denkst du darüber? Du bist ein aufgeschlossener Bursche. Englisch ist gut, aber wir leben in Deutschland.«

Ich bin aufgestanden und antworte außergewöhnlich aufgeregt: »Meine Eltern träumen davon, in die Niederlande zurückzukehren – sobald die Grenze wieder geöffnet wird. Denn sie kann ja nicht für immer geschlossen bleiben. Dann würde ich mit ihnen gehen. Und jetzt Deutsch lernen? Ja, ich habe schon daran gedacht und es mir gewünscht. Aber wie soll das gehen? Die Eltern haben nicht das Geld dafür.«

Pastor Muth deutet mir mit einer Handbewegung, das er weiter sprechen möchte:

»Merke dir fürs Leben: gute Sachen sind nie an Geld gescheitert! Wir wissen, dass ihr arm seid, aber es ist für deine Zukunft wichtig, dich in Deutsch verständigen zu können ...«

Ich habe mich wieder hingesetzt und denke über die Worte des Pastors nach. Er schaut mich wohlwollend an:

»Christen sind praktische Leute. Du brauchst dir keinen Deutschlehrer zu suchen – er ist schon da. Hier sitzt er vor dir. Du kommst jeden Tag, wie bisher, und ich unterrichte dich. Gratis. Ist das was? Einverstanden?« Nun steht der Pastor auf und reicht mir die Hand:

»Versprochen ist versprochen!«

Von seinem Schreibtisch nimmt er ein neues, dickes Buch: »Mein Geschenk für dich!« Ich schlage es wahllos auf. Im letzten Drittel der Zürcher Bibel lese ich an der oberen Blattseite:

Matthäus 7. Nun buchstabiere ich halbblaut Wort um Wort, ohne ihre Bedeutung und den tieferen Sinn zu verstehen: »… wieviel … mehr … wird … euer … Vater … im … Himmel … denen … Gutes … geben, … die … ihn … bitten.«

Pastor Hans-Joachim Muth hat sein Wort gehalten. Täglich nimmt er mich beim Deutschunterricht hart ran. Nach drei Monaten kommt die Krise: Du schaffst es nicht. Nie wirst du es lernen, Dativ und Akkusativ im Plural auseinanderzuhalten oder gar grammatikalisch fehlerfrei zu sprechen.

Der Pastor gibt nicht auf. Er wird mir mehr und mehr zum Freund, der mir in dieser Krisenzeit ständig Mut zum Weitermachen zuspricht:

»Jetzt denkst du immer noch Niederländisch. Aber es kommt die Nacht, wo du Deutsch träumen wirst. Dann bist du über dem Berg.«

Aber dieser Tag – so scheint es – will nicht kommen. Also formuliere ich deutsche Sätze aus niederländischem Denken.

Was dabei herauskommt ist ein Kauderwelsch, ein »Rötting-Deutsch« zum Lachen, meint der Pastor. »Aus deinem ulkigen Deutsch wird aber eines Tages eine klare Sprache werden. Da bin ich mir sicher.«

Hat er nicht Recht? Tatsächlich hören mir neuerdings die Freunde von der Straße zu. Sie wundern sich über meine Sprachkenntnisse und ermutigen mich zum Reden:

»Komm, Gerhard, rede weiter! Du kannst es, wirklich!«

Sie lachen zwar, wenn mir die deutschen Worte nicht sofort einfallen. Immer öfter werden sie aber nachdenklich über das, was ich sage und nehmen meine Worte – nicht ohne Schmunzeln – mit nach Hause. Ich werde verstanden!

Mein Vater schmunzelt nicht. Er ist zwar nicht verärgert über meinen Fleiß, den ich beim Deutschlernen an den Tag lege, aber darüber, dass ich täglich ins Pastorat gehe und keinen Gottesdienst verpasse, grollt er.

»Das geht schief mit dir, mein Junge. In unserer Familie in den Niederlanden gibt es einen jungen Mann, der religiös wurde – so wie du. Und weißt du, wo er schließlich gelandet ist? Nicht in einer angesehenen beruflichen Position, sondern in der Psychiatrie. Gerhard, werde wach! Die Gedanken, die Pastor Muth dir weitergibt, sind aus einem früheren Jahrhundert. Du bist jetzt siebzehn und lebst heute. Du gehörst doch nicht in ein früheres Jahrhundert, oder? Schlag dir die religiösen Spinnereien aus dem Kopf, damit es dir nicht wie deinem Verwandten in den Niederlanden geht und wir dich eines Tages in die Klapsmühle bringen müssen.«

Nach einem halben Jahr kommt ein besonderer Vormittag im Pastorat:

»Gerhard, ich kann auch an deinem Akzent kaum noch hören, dass deine Muttersprache Niederländisch ist. Ich habe einen Vorschlag. Du kommst jetzt jeden Freitagabend um sieben Uhr zusätzlich zu mir.«

»Zusätzlich?«

»Jeden Freitagabend setze ich mich hin, um meine Sonntagpredigt vorzubereiten. Auf diese Vorbereitung lege ich großen Wert. Und du kannst mir dabei helfen, gute Formulierungen zu finden.«

Diese Freitagabende werden zu Höhepunkten in meinem kleinen Leben. Wir lesen abwechselnd Vers um Vers des Predigttextes für den kommenden Sonntag. Zweimal hintereinander. Der gelehrte Pastor Muth greift die bedeutenden Stichworte aus dem Text heraus. Mal ist es »Gottes Wahrheit«. Ein andermal »Gottes Herrlichkeit«.

Oder »Gottes Gnade«. Dann ist es das Wort »Gottes Freude« oder »Gottes Versöhnung«. Es gilt, das wichtigste Wort in dem Predigttext zu finden und zu erklären. Jedes dieser biblischen Kernworte gilt es im heutigen Deutsch zu erläutern. Das macht enorm viel Spaß.

»Sage, was für dich in diesem Begriff steckt. Bitte formuliere, was dir an diesem theologischen Wort bedeutend erscheint.«

Was ich vorsichtig über die Lippen bringe, notiert Pastor Muth in ein Heft. Aber wozu das alles? Ist es ein Experiment? Oder eine Deutschprüfung? Ich weiß es wirklich nicht, frage aber auch nicht. Dieses Miteinander macht mir Freude und erweitert meinen Horizont. Doch am darauffolgenden Sonntagsmorgen höre ich während der Predigt aus dem Munde meines Pastors jene Sätze, die ich am Freitagabend in seinem Studierzimmer versucht habe zu formulieren. Es sind die einfachen Sätze in meinem »Anfängerdeutsch«.

Nach dem Abendessen an diesem Freitagabend gibt Vater mir den ernstlichen Rat mit auf dem Weg: »Wenn du heute Abend später als zehn Uhr nach Hause kommst, dann …« Sein hochrotes, vor Zorn verzerrtes Gesicht lässt nichts Gutes ahnen. Da er seinen Satz noch nicht beendet hat, bleibe ich an der Tür stehen und warte ab, was Vater noch zu sagen hat. Er ringt nach Worten: »… dann brauchst du überhaupt nicht mehr nach Hause zu kommen. Dann nimm gleich deine Matratze mit und lege sie in die Kirche hin!«

»Tschüss, Mutti! Tschüss, Vati! Ich komme pünktlich. Bis dann!«

Als ich die Tür hinter mir schließe, höre ich Vaters wutentbrannte Worte, aber ich verstehe sie nicht. Arme Mutti, die sich nun Vaters wütende Worte anhören muss.

Nach der harmonischen »Predigtvorbereitung«– wie Pastor Muth unsere Freitagabendtreffen nennt – verabschiede ich mich heute pünktlich von der Pastorenfamilie, um rechtzeitig daheim zu sein. Als die zehn Schläge vom Kirchturm in die Nacht erschallen, klingele ich an der Haustür. Vater hat schon auf mich gewartet, reißt die Tür auf und brüllt mich an:

»Habe ich dir nicht gesagt, du bist in einem falschen Jahrhundert geboren?«

»Vati, ich bin geboren …«

»Na, los, sag es schon, du Frommer!«

Eigentlich will ich schweigen. Vater packt mich an der Jacke, schüttelt mich und schreit:

»Sag es mir!«

»Vater, ich bin geboren, um Gott zu lieben!«

Patsch! Er knallt mir seine Rechte voll ins Gesicht. Im schwachen Licht des Flures erkenne ich fast gleichzeitig Mutter, die drei Meter von uns entfernt im Halbdunkel steht. Sie schluchzt halblaut. Und Vater, der nun beide Hände in die Hosentasche steckt, er schreit mich an:

»Du wagst es, mir so was zu sagen?«

Er reißt seine rechte Hand aus der Tasche. Doch da bin ich schneller und hebe meinen Zeigefinger auf die andere Backe:

»Wenn, dann schlage da hin! Auf die andere Backe. Tue es!« Vater knallt lieber die noch offene Haustür zu. Ich nehme Mutti schweigend in den Arm und drücke sie herzlich. Noch lange liege ich wach. Der Schlaf will sich nicht einstellen. Vor mir stehen die weinende Mutter, der zornige Vater. Immer wieder höre ich seine scharfen Worte: Nimm deine Matratze gleich mit und lege sie in die Kirche hin.

Die Tür wird vorsichtig geöffnet. Mutter steht im Nachthemd neben meinem Bett, legt mir einen kühlen Lappen auf die angeschwollene Backe und flüstert:

»Junge, ja, du bist geboren, um Gott zu lieben. Das ist gut so.«

So leise sie gekommen ist, so leise geht sie.

Welch wunderbarer Schatz: eine Mutter! Andere mögen dich lieb haben, aber nur deine Mutter versteht dich. Sie arbeitet für dich. Sie sorgt sich um dich. Sie liebt dich – immer. Sie vergibt dir, was du auch tust. Sie betet für dich. Sie vertraut dir. Nur einmal wird sie dir ein unendliches Leid zufügen: dann, wenn sie stirbt, um dich für immer zu verlassen.

Konstantin und Elsabetha, die Pastorenkinder, springen mir auch an diesem nächsten Freitagabend entgegen. Sie wollen beide hochgehoben werden – wie immer, wenn ich komme. So halte ich sie einige Augenblicke hoch über meinem Kopf, was sie mit lautem Lachen und Rufen jedes Mal dankend quittieren.

Alsbald sitzen Pastor Muth und ich zusammen, um die Adventspredigt vorzubereiten. Wir lesen den Text aus dem Evangelium nach Lukas,

Kapitel 21: Seht auf und erhebt eure Häupter, weil sich eure Erlösung naht! »Erlösung – von was?«, frage ich verlegen. »Eine gute Frage«, meint der Pastor. Er notiert sich meine Frage. Aber er antwortet auch: »Los sein von Schuld und Sünde. Das wirkt erlösend. Oder?« Der Pastor schaut in meine Augen, die sich mit Tränen gefüllt haben.

»Pastor, vergibt Gott immer?«

Es wird wohl eine sehr ernste Predigt, empfinde ich, als Pastor Muth die ersten Gedanken selbst formuliert. Es gibt einen Unterschied zwischen »Schuld« – in der Einzahl – und »Schulden« – in der Mehrzahl. »Schuld« – das ist … wir verletzten das Gebot Gottes: ›Liebe Gott‹! – ›Liebe deinen Nächsten wie dich selbst‹! Wenn uns die große Ergriffenheit und die rückhaltlose Hingabe an Gott fehlt. Wenn uns der stürmische Wille, Gott zu dienen, fehlt. Das ist »Schuld«.

Und die »Schulden«? Das ist, wenn ich meinen Mitmenschen etwas schuldig geblieben bin. Oder wenn sie mir etwas schulden: mir kein Verständnis entgegenbringen; unaufmerksam zu mir sind; im entscheidenden Augenblick mir ihre Hilfe versagen, mich nicht besuchen oder mir nicht schreiben, mich nicht trösten, wenn sie es hätten tun können.

Ich höre und schweige.

»Gerhard, nun formuliere du deine Ansicht über »Schuld« und »Schulden«.«

Pastor Muth greift erneut nach seinem Bleistift, um aufzuschreiben, was ich in meinem »Rötting-Deutsch« formuliere. Ich schweige. Lange.

Auf dem Schreibtisch des Pastors steht eine Kupferplatte mit einem eingravierten Spruch. Ich buchstabiere: »Wenn Christus tausend Mal in Bethlehem geboren wäre – und nicht in dir, so wärst du doch verloren.« Pastor Muth wartet noch immer auf meine Antwort.

»Pastor, ich kann nichts dazu sagen.«

»Du kannst nichts formulieren? Und warum kannst du es nicht?«

»Weil in mir beides ist: »Schuld« und »Schulden«. Und solange beides in mir ist und mich bedrückt, ist Vergebung weit entfernt. Darum mag ich nichts dazu sagen.«

»Gerhard, das ist hervorragend gesagt. Willst du mehr dazu sagen?« Ich schaue in das freundliche Gesicht des Pastors, dessen Mundwinkel sich fast zu einem Lächeln formen.

»Ja, ich will! Ich will Klarheit in mir über Schuld und Sünde schaffen.«

»Wenn das so ist, warum knien wir nicht nieder, um Gott all das zu bringen, was dich bedrückt? Ich werde auch knien. Neben dir. Denn ich bin nicht ein kleines Stückchen besser als du. Vor Gott sind wir alle Sünder – auch wenn uns keine böse Vergangenheit bedrückt. Aber …« Hier macht Pastor Muth eine kleine Pause und schaut mich liebevoll an:

»Aber wir Sünder haben eine Zukunft – du und ich auch.«

Wir knien nebeneinander. Alles, was mir einfällt, kommt vor Gott zur Sprache. Was mir da alles vor Augen steht! In einem Süßwarengeschäft in den Niederlanden habe ich Schokoladenriegel gemopst. Aus dem Portemonnaie meiner Mutter habe ich Geld entwendet. Gelogen habe ich - oft. Es kommt mir so vor, als ob bei dieser erstmaligen Beichtgelegenheit alles Ungute nur so heraussprudeln will. Was Unrecht war und sicher auch mein Leben geprägt hat: Jetzt kann, jetzt muss es aus mir heraus. Auch die gelegentlichen Lieblosigkeiten. Meine ablehnende Haltung. Meine unnütze Zeitverschwendung und Faulheit. Mein Stolz und meine Ehrsucht ... alles! Gott nicht schon immer von Herzen geliebt zu haben – das empfinde ich als größte Schuld. Dann weiß ich wirklich nichts mehr, was mich belastet und sage leise »Amen!« Das habe ich inzwischen gelernt: Das Amen gehört am Ende zu jeder Predigt dazu.

»Tut dir, Gerhard, das alles von Herzen leid?«, fragt der Pastor.

»Ja!«

»Dann bleibst du weiter knien. Ich stehe auf und handele jetzt als ein berufener Zeuge und Diener des Herrn Jesus. Was du vor dem lebendigen Gott als »Schuld« und »Sünde« bekannt hast und von Herzen bereust, das vergebe ich dir, Gerhard Jan Rötting, im Namen Jesu. Freue dich, Gerhard, denn das Blut Jesu Christi hat dich rein gemacht von aller Schuld und Sünde! Gehe hin als ein Jünger Jesu und diene dem Herrn mit Freuden! Er ist mit dir, der dich berufen hat zu seinem Dienst. Nicht nur in dieser vorweihnachtlichen Zeit. Sondern für immer. Amen.«

Als ich mich erhebe, legt mir Pastor Hans-Joachim Muth die Hände auf die Schultern: »Du bist mit deinen siebzehn Jahren noch ein junger Christ – und doch schon ein gestandener Zeuge Jesu Christi. Sei Ihm treu – für immer, so bist du von Ihm gesegnet und Ihm geweiht.«

Ich atme tief durch. Eine Last ist wie weggeblasen. Es durchströmt eine zuvor nie erlebte Liebe mein Inneres. Solche Liebe kann nur aus dem Himmel kommen und sie umhüllt mich. Ich bin frei. Frei? Ja, frei, um Gott und Menschen zu lieben.

Als junger Christ fing ich an, für meine Eltern zu beten, dass sie sich auch von Gott finden lassen. Vierzehn Jahre hat es gedauert, bis meine Gebete erhört wurden. Vater und Mutter kamen in der Baptistengemeinde in Mannheim – unabhängig voneinander – in derselben Woche zum lebendigen Glauben an den Heiland Jesus Christus und begannen gemeinsam einen neuen Abschnitt in ihrem Leben, der zu einem Segen für viele Menschen wurde.

Als der kleine Junge ein großes Wunder erlebt

Wer heute christliche Gemeinden in der Ukraine besucht, dem sticht ins Auge, dass hauptsächlich die junge Generation vertreten ist. Junge Erwachsene nehmen nicht nur teil an den Gottesdiensten; oft gestalten sie auch die meist zwei Stunden dauernden Versammlungen der Gläubigen – und gestalten sie festlich. Sie treten vor die Gemeinden und geben Zeugnis von dem, was sie in der letzten Woche mit Gott erlebten. Sie singen gern rhythmische Lieder, die sie selbst komponiert haben. Das sind erfrischende Stunden – voll glauben-stärkender Akzente. Doch die Anbetung des dreieinen Gottes hinterlässt bei mir immer den stärksten Eindruck. Diese Anbetung lässt ihre Versammlungen zu Festen werden, die du nicht so schnell vergisst.

Aber es gibt auch die »Alten« in den Gemeinden. Es ist ergreifend zu sehen, wie sie auf die rhythmischen Lieder der jungen Generation reagieren. Ihre Füße bewegen sich im Takt zu den frischen Liedern.

Unter ihnen sind vor allem die »Großmütterchen«, die würdevoll mit »Babuschka« angesprochen werden. Sie waren es, die mit ihren Gebeten die Gemeinden zusammengehalten haben, als das kommunistische Regime es siebzig Jahre lang den Christen fast unmöglich machte, sich zu versammeln.

*Kinder und Jugendliche bis zum 18. Lebensjahr
durften ohnehin keine christlichen Versammlungen
besuchen.*

*Was fiel den Babuschka dazu ein? Sie versteckten
unter ihren langen und weiten Röcken die Klein-
kinder – und gingen so zu den Gebetsstunden und
Gottesdiensten, an denen trotz kommunistischem
Verbot auffallend viele Kinder teilnahmen. Sie
waren samt und sonders in die Kirchen oder in die
Hausversammlungen eingeschmuggelt worden –
durch die lieben Babuschkas. Sie hatten es damals
schwer. Ihre Männer und Söhne waren verhaftet
worden und saßen in Arbeitslagern oder in Gefäng-
nissen – wegen ihres Glaubens an den auferstandenen Herrn Jesus Christus. Es waren damals die Babuschkas, die nicht nur beteten, sondern auch
Gottesdienste hielten. Sie sangen, lasen Psalmen
und legten Gottes Wort aus. Ja, ja – die Großmütterchen! Sie hielten im Glauben fest.*

*Und wenn ihre Kirchen durch die Geheimpolizei
geschlossen wurden, dann gingen die Gläubigen »in
den Untergrund« und versammelten sich – wie die
ersten Christen – hin und her in den Häusern.
Denn sie wollten es nicht lassen, ihr Leben nach
dem Evangelium auszurichten, das stärker als das*

ukraine

»Kommunistische Manifest« von Karl Marx und Friedrich Engels war. Warum war das so? Ein Manifest kannst du nicht lieben; aber eine Person sehr wohl! Sie liebten ihren auferstandenen und gegenwärtigen Herrn Jesus, der die Menschen unermesslich liebt. Und Ihn lieben – das geht nur mit ungeteiltem Herzen.

Mission Ost-West ließ den russischen Babuschkas 1989 heimlich Neue Testamente zukommen. Wiederholte Male besuchte ich diese nichtregistrierten Gemeinden in Russland, um ihnen einige eingeschmuggelte Bibeln oder Neue Testamente zu überbringen. Das waren festliche Augenblicke, wenn die Großmütterchen das gedruckte Wort Gottes in ihren Händen hielten, es aufblätterten … und küssten.

Das ukrainische Ehepaar, von dem ich hier berichte, gehörte zu einer solchen »Untergrundgemeinde«. Wir schreiben das Jahr 1992.

W eit entfernt vom Dorfkern führt ein unbefestigter, lehmiger Feldweg zur niedrigen Kate eines alten Ehepaares, das seit vielen Jahren weitab vom Dorf wohnt. Besonders wenn es geregnet hat, bilden sich auf dem Weg zu ihrem alten Häuschen große Pfützen. Am besten benutzt man den Feldweg dann mit Pferd und Wagen, wenn zum Wochenmarkt gefahren werden muss. Oder man zieht sich die hohen Gummistiefel an, um durch den Schlamm zu waten. Nur so bleiben die Füße trocken.

Das Bauernehepaar besitzt einen fruchtbaren Garten, der sich hinter ihrem niedrigen Häuschen befindet. Die Erde ist lehmig-schwarz, was auf gute Erdqualität schließen lässt. So erwirtschaften die beiden alten Leute durch harte Arbeit Mais und Kartoffeln, verschiedene Salaten- und Kohlarten, Rüben und Möhren – und das reichlich. Woche um Woche fahren sie mit Pferd und Wagen das geerntete Gemüse in vollen Körben zum Markt.

Neben dem Pferd besitzt das Ehepaar auch noch einen kräftigen Wachhund. Die zwei Dutzend Hühner, die ums Haus herum ihr Futter suchen, legen fleißig Eier, die ebenfalls auf dem Wochenmarkt guten Absatz finden.

Jeden Sonntagmorgen aber zieht das Pferd

den Panjewagen ins übernächste Dorf. Den alten Bauersleuten steht es ins Gesicht geschrieben, wie sehr sie sich freuen. Sie fahren nämlich zum Gottesdienst. So geschieht es nun schon viele Jahre. In diesen Gottesdiensten preist die Gemeinde den lebendigen Gott und der Chor singt in wunderbarer Harmonie mehrstimmige Gesänge. Doch die Höhepunkte der Gottesdienste sind an jedem Sonntag die beiden Predigten, durch die das Kirchenvolk sowohl getröstet als auch belehrt wird. Die Pastoren verkündigen die Gottesbotschaft so aktuell, dass einem beim Zuhören warm uns Herz wird. Sie verstehen es, die Liebe zu Gott zu stärken.

Von dem Gottesdienst zehren die beiden Bauersleute die ganze Woche. Wenn sie im Garten arbeiten oder im Hause beschäftigt sind, dann reden sie über ihr Glück: Gott hat sie gerettet. Ihre Freude geben sie gern an jene weiter, die über ihr Glück mehr erfahren möchten.

Am eigenen Wohnort gibt es leider keine Kirche, keine Gemeinde. Viele Jahre hat das alte Ehepaar den himmlischen Vater im Gebet angefleht: »Herr, Du siehst, dass es in unserem

Dorf keine Christen, keine Kirche, kein Gebetshaus gibt.«

Wo Gottes Wort nicht verkündigt wird, da verrohen die Sitten, da ufert das dörfliche Leben in Unordnung aus, ja in Banditentum. Hin und wieder hören die beiden alten Christen von Raub und Plünderungen im Dorf. Die Täter werden nie erwischt. Aber man munkelt, dass es besonders eine Familie im Ort gibt, der man nichts Gutes nachsagen kann. Der Mann ist Alkoholiker und oft schlägt er seine Frau. Auch die acht Kinder leiden unter ihrem Vater, der in betrunkenem Zustand oft die Kinder manchmal derart verprügelt, dass sie mit blauen Flecken zur Schule kommen.

Ohne dass seine Gebete um die Glaubenserweckung im Dorf von Gott erhört wurden, stirbt der alte Bauer daheim in seiner kleinen Kate – völlig im Frieden und mit einem Lächeln auf dem Gesicht. Er ist nicht nur glücklich von der Erde heimgegangen – er ist nun glücklich heimgekommen.

Von nun an steht die alte Frau oft am Küchenfenster und schaut über die Felder und über ihren Garten. Ja, sie schaut ins Weite und betet.

Mehr und mehr verliert die Babuschka ihre Kräfte. Wie soll der große Garten umgegraben und bepflanzt werden? Wie wird sie mit den Feldern fertig, die gepflügt und eingesät werden müssen?

Vor Monaten hat sie das Pferd und den Wagen verkauft. Als sie dem Pferd Lebewohl sagt, ist sich die Babuschka bewusst, dass sie nun nicht mehr ihr Gemüse zum Markt im benachbarten Ort fahren kann. Nun wird sie dort nicht mehr mit anderen Christen gemeinsam singen und beten. Wird ihr Glaube nun ohne Gemeinschaft mit den lieben Leuten in der Gemeinde abnehmen? Ja, das kann passieren – wenn der große Gott nicht ein Wunder tut.

So sieht man die gute Babuschka immer länger in Feld und Garten arbeiten. Die Dorfbewohner tuscheln miteinander und fragen sich: »Wie schafft es die alte Bäuerin, aus ihrem großen Garten so viel Gemüse zu ernten – ohne fremde Hilfe?« Und die Klatschtanten im Dorf rätseln sogar, wie sie jede Woche den Weg von ihrer kleinen, alten Kate zum Markt schafft. »Wer hilft ihr eigentlich, die schweren Körbe und Säcke dorthin zu tragen? Geht das alles überhaupt mit rechten Dingen zu?« Und immer sind sich die Tratschmäuler einig: »Ach, diese Bauersleute waren immer schon komisch. Der verstorbene Mann wollte fromm sein und fuhr jeden Sonntag mit Pferd und Wagen ins übernächste Dorf zum Gottesdienst. Und die Alte macht es ihm nach. Sie ist eben nicht anders, als er es war: fromm.«

Bei jedem Wetter macht sich die Bäuerin sonntags in der Frühe zu Fuß auf den Weg zur Gemeinde. Mehr als eine volle Stunde braucht sie dafür. Doch das ist ihr nicht zu viel. Unterwegs summt und singt sie frohe Glaubenslieder und freut sich auf die Gemeinschaft mit den jungen und älteren Christen.

Einmal in der Woche geht die Bäuerin den langen Weg noch einmal, um auf dem Markt die etwa zwanzig Eier anzubieten, die ihre Hühner in der vergangenen Woche gelegt haben. Auf ihren schmalen Schultern trägt sie einen Sack mit Kohl und Möhren. Das Atmen fällt ihr dabei zwar schwer, doch das Singen in Herz und Seele hört auch dann nicht auf.

Hat sie ihr Gemüse und die Hühnereier verkauft, gibt sie das Geld wieder aus – für Brot und Salz, manchmal auch für ein Stück Seife oder für Margarine. Für ein kleines Päckchen Tee und eine Tüte Zucker bleibt stets genug Geld. Selten reicht das Geld, um dafür warme Strümpfe, eine neue Schürze oder Medikamente zu kaufen.

Als sie heute vom Markt zurückgeht, muss sie unterwegs immer öfter stehen bleiben. Es quälen sie starke Rückenschmerzen. Die Einkaufstasche stellt sie am Wegrand ab, um nach kurzem Verschnaufen den Weg wieder fortzusetzen. Vorsichtig umgeht sie die Pfützen. Es hat heute in aller Frühe stark geregnet – und der nasse Lehm ist glatt. Am schlechten Schuhwerk kleben Lehmbrocken und sie muss aufpassen, nicht auszurutschen. Ach, wäre sie doch schon daheim! Nein, sie ist nicht die Person, die in Selbstmitleid schwelgt. Als gläubige Christin ist sie ja nicht allein unterwegs, weil es der Herr Jesus zugesagt hat: Ich bin bei euch. Immer. Alle Tage …! Auf allen Wegen!

Auf dem Heimweg wird sie nachdenklich. Zwanzig Jahre hat sie gemeinsam mit ihrem verstorbenen Mann den himmlischen Vater gebeten, dass jemand im Dorf zum lebendigen Glauben kommen möge. Aber es geschah nichts. Warum hat Gott im Dorf keine Glaubenserweckung geschenkt? War sie im Glauben zu träge? Blieb sie in der Liebe zu Christus zu schwach? Es kommen Selbstvorwürfe auf, die sie zwar schnell abwehrt. Doch diese bohrenden Fragen brodeln wie aus einer tiefen Quelle hervor. Stehe ich Gott im Wege? Was mache ich falsch? Liegt es an mir, dass es im Dorf keine Christen gibt? Habe ich zu wenig Kontakt zu den Leuten im Dorf gesucht? Brennt mein Licht, das in mir ist, zu schwach, sodass niemand etwas von meiner Liebe zu Jesus merkt?

Während sie mühsam nach Hause läuft, legt sie immer wieder ihre freie Hand auf den schmerzenden Rücken. Zu Hause wird sie sich eine Tasse Tee bereiten, der wird ihr guttun.

Da spricht sie ein blonder Junge an: »Babuschka!« So wird sie im Dorf genannt.

»Babuschka, ich sehe, du hast es schwer mit

den Taschen. Darf ich dir helfen?« Der Junge schaut ins Gesicht der alten Frau und bemerkt, dass ihr Tränen über die Backen laufen. »Babuschka, warum weinst du?«

Der Kleine kann ja nicht ahnen, wie dankbar die Bäuerin für sein plötzliches Auftauchen ist. In ihrem Glück kann sie sich der Freudentränen nicht erwehren. Kurz legt sie ihre Hand auf den Lockenkopf. Nie hatte sie eigene Kinder und hat das immer als Gottes Fügung betrachtet. Doch sie kann diesen Knirps sofort ins Herz schließen, obwohl sie ihn nie zuvor gesehen hat. Wieso taucht er gerade jetzt auf, wo sie sich mit den Taschen und ihren Schmerzen schwertut? Sie erkundigt sich nach seinem Namen. »So, so – Gennady heißt du.«

Sie hat von dieser Familie schon des Öfteren gehört: Ja, ja, der Vater ist bekanntlich Alkoholiker und versäuft das wenige Geld, das er als Tagelöhner verdient. Babuschka schaut den Jungen prüfend an. Ist er wirklich aus dieser Familie, die im Dorf solch schlechten Ruf hat? Der Junge aber sieht so nett, so freundlich aus. Die Bäuerin überlegt: Vielleicht hat er mehr den Charakter seiner Mutter? Man erzählt sich im

Dorf, dass sie zwar schwerhörig sei, aber fleißig strickt und häkelt – auch für andere Familien im Dorf. Damit verdient sie sich ein wenig Geld. Durch ihre unermüdliche Gartenarbeit tagsüber und durch die Handarbeiten an den Abenden kann sie die Großfamilie ernähren. Babuschka hat neulich zufällig auf dem Markt gehört, wie stolz diese Mutter ist, wenn sie ihre acht Kinder einigermaßen satt bekommt.

»Kinder, stehlt nicht!«, so habe die Mutter ihre acht Kindern stets ermahnt. »Gott ist zwar ganz weit weg, aber Er sieht alles. Alles. Er sieht auch, was ihr an schlechten oder guten Gedanken im Kopf habt – und Er sieht, was jeder von euch falsch und richtig macht.«

Gennady hat sich die Taschen der alten Bäuerin über die Schultern geschwungen. Unterwegs erzählt er der alten Frau, dass er gern zur Schule geht, manchmal gute, manchmal auch schlechte Noten mit nach Hause bringt. Aber der Dümmste in der Klasse, nein, das ist er nicht. Und sitzengeblieben ist er auch noch nie. Er verschweigt ihr aber auch nicht, wie ihm in der Schule der Magen grummelt, weil die Mutter morgens für alle Kinder nichts anderes auf den Tisch stellen kann als eine dicke Scheibe trockenes Brot oder Graupenbrei. Wenn er Hunger hat, kann er sich nicht so gut auf den Unterricht konzentrieren, sondern überlegt dann, ob die Mutter mittags für die große Familie etwas gekocht hat. Nicht selten passiert es, dass jedes Kind statt einer kräftigen, warmen Mittagsmahlzeit nur eine dicke Scheibe Brot bekommt – ohne Margarine oder Käse, ohne Speck oder Wurst. Das bleibt dann meistens die einzige Tagesmahlzeit. Gennady hilft der Mutter gern im großen Garten – Unkraut jäten, die Zuckerrüben hacken, aber am liebsten holt er Salat und Möhren aus dem Garten, die kann man sofort essen.

Ins Gespräch vertieft erreichen Babuschka und der blonde Gennady das niedrige Häuschen, das am Ende des langen Weges außerhalb des Dorfes steht. Hier schneidet die alte Bäuerin als Allererstes ein großes Stück Brot für den kleinen Lastenträger ab und bestreicht es mit Margarine, dazu spart sie nicht mit der selbstgemachten Marmelade. Gennady verschlingt das Brot in wenigen Augenblicken. Noch einmal schneidet Babuschka eine ordentliche Scheibe Brot ab, in die Gennady herzhaft reinbeißt. Mit vollem Munde fragt er: »Babuschka, warum bist du so gut zu mir?« Das Großmütterchen hat Freude am riesigen Appetit des kleinen Burschen. Während der Junge isst, erzählt sie von Jesus, den sie liebt. Von Jesus hat Gennady noch nie gehört.

»Wer ist denn das?«, will der aufgeschlossene Junge wissen und schiebt seinen Stuhl näher zur Babuschka hin, um jedes Wort zu hören, das sie sagt. Und sie hat viel über den Heiland Jesus zu erzählen! Viel Gutes und Interessantes!

Es fängt draußen schon an zu dunkeln, als der Junge sich verabschiedet. »Stimmt es, Babuschka, was du sagst, dass Jesus ein Sohn des großen Gottes ist? Kann ich das in der Schule meinen Klassenkameraden erzählen, ohne mich zu blamieren? Stimmt es wirklich, was du mir erzählt hast? Ist Jesus so stark, um Seestürme zu beruhigen und kranke Leute gesund zu machen? Und du hast Jesus lieb, weil er jeden liebhat?«

»Gennady, das ist ganz wichtig, was ich dir von Jesus erzählt habe. Aber Jesus ist nicht ein Sohn des lebendigen Gottes: Er ist der einzige Sohn Gottes! Vergiss es nicht! Und wenn du einmal in Not gerätst, dann rufe seinen Namen, dann kommt er, um dir nahe zu sein. Du hast heute gespürt, dass Er wirklich da ist. So ist Er nun immer bei dir – wo immer du hingehst, wo immer du bist. Er ist wirklich nicht weit von uns Menschen entfernt, sondern ist dir immer nahe und hilft dir gern und ganz gewiss.«

Es ist Sommerzeit geworden. Im Garten wachsen Möhren und Salat, Erbsen, Bohnen und Gurken. Neulich hat Gennady seiner Mutter geholfen, kleine Weißkohlpflanzen zu setzen, die nun täglich etwas Wasser bekommen müssen. Da hilft Gennady der Mutter gern. Doch auf dem Kartoffelacker haben die Käfer bereits hunderte von winzigen Eiern abgelegt, aus denen hungrige Larven geschlüpft sind und die Blätter von den Kartoffelstauden fressen.

Als der Vater eines Nachmittags wankend nach Hause kommt, schreit er in seinem betrunkenen Zustand seine Kinder an: »Warum seid ihr nicht auf den Kartoffeläckern, um die Larven und Kartoffelkäfer zu sammeln? Los! Los! Macht euch ans Werk, ihr nutzlosen, faulen Säcke!« Er brüllt die Kinder an und sie weichen ihrem Vater aus, um eine Tracht Prügel zu vermeiden.

Gennady nimmt ein Glas und rennt als Erster aufs Feld hinaus, weil der Vater ihn immer am meisten schlägt. Denn ist der Vater schon mittags besoffen, dann bleibt er den ganzen Tag über unberechenbar. Die Kinder fürchten seine harten Schläge. Gennady am meisten. Deshalb rennt er – so schnell die Füße ihn tragen – davon.

Die Mittagsonne brütet auf den Feldern und lässt die weit entfernten Bäume in der Hitze vibrieren. Die Hitze lässt in der Ferne alles, was auf den Feldern steht, erzittern. Fast sieht es so aus, als ob die Sonne aus den Feldern einen mächtigen See hat entstehen lassen, aus dem die flimmernden Bäume herausragen. Gennady schaut sich dieses sonderbare Bild an: Es ist so wundervoll. So unbegreiflich. So schön. Eine ungewöhnliche Abwechslung bei aller Bückerei! Immer wieder schaut er auf, um das Phänomen zu bestaunen, vergisst aber nicht, jede Kartoffelstaude gründlich abzusuchen. So viele Käfer gibt es in diesem Jahr! Jede Menge Larven und Eierchen findet er. Bald ist das Glas bis zum Rand mit dem Ungeziefer gefüllt. Was damit nun tun? Da fällt ihm ein, dass zu Hause im Schuppen ein Kanister mit Benzin steht. Er könnte den Kanister holen und das gesammelte Ungeziefer im Glas mit Benzin töten, indem er es verbrennt.

Schon rennt er nach Hause, um den Kanister zu holen. Einige Streichhölzer findet er auch, die er schnell in seine Hosentasche gleiten lässt. Sich nur nicht vom Vater erwischen lassen! Gennady freut sich auf das Feuerchen, das gleich lichterloh brennen wird! Er ist sich sicher, dass dies nicht das einzige Glas voll mit Ungeziefer bleibt. Er wird weiter suchen – und sie alle verbrennen. Wo kommen nur so entsetzlich viele Kartoffelkäfer her? Pustend vom schnellen Laufen erreicht er wieder das Kartoffelfeld. Ja, bald wird ein drittes und viertes Glas gefüllt sein. Vater und Mutter werden sich darüber freuen, wie fleißig er war.

Gennady hebt den Kanister hoch, um das Glas vorsichtig mit Benzin zu füllen. Doch dabei verschüttet er etwas Benzin auf sein Hemd und seine Hose. Er spürt die Feuchtigkeit deutlich auf seinem Körper, ja sie dringt schnell bis in seine Strümpfe herunter. Das macht doch nichts, denkt er. Der Kanister ist ja noch fast voll. Außerdem ist es sommerlich warm. Das verschüttete Benzin wird bald verdunstet sein. Er zündet das Streichholz und will es auf das Glas werfen. Doch das Feuer springt zuerst auf seine Kleidung. »Ich brenne! Ich brenne!«, ruft Gennady ins weite Feld hinein, aber da ist niemand, der ihn hört. Er steht in Flammen, schlägt wild um sich, ohne das Feuer löschen zu können. In seiner Not fallen ihm die Worte der Babuschka ein: »Rufe den Namen des Herrn Jesus an, wenn du einmal in Not gerätst.«

»Hilf mir! Jesus, ich brenne! Jesus …« Er schreit aus Leibeskräften: »Jesus …!« Das helllodernde Feuer schlägt über ihm zusammen – um Gennady herum wird es schrecklich dunkel.

Plaudernd gehen vier Feldarbeiter über die Feldwege nach Hause. Die Tagesarbeit ist getan. Der verdiente Feierabend wartet.

»He, schaut mal, was da am Kartoffelacker liegt! Da hat jemand seine Baumwolldecke verloren!«

Der Arbeiter läuft hin, um nachzuschauen.

»Männer!«, ruft er. »Das ist ja entsetzlich! In der Baumwolldecke ist ein Kind eingehüllt. Kommt schnell! Es hat hier gebrannt. Ich weiß nicht, ob das Kind noch lebt!«

Schon sind die Männer da. Rings um das Kind herum sind Gras und Kartoffelstauden verbrannt. Einer von ihnen gibt dem leeren Kanister einen Fußtritt. Was ist hier nur passiert?

»Auf, wir bringen das Kind ins Dorf in die Ambulanz!«

Vorsichtig heben die Feldarbeiter den Jungen hoch, dessen Haare angesengt sind. Und auch sonst riecht es übel nach Feuer und Brand. Wer hat den Jungen hierher gelegt? Wer hat ihn in die hellbraune Baumwolldecke eingehüllt und dann liegen lassen?

Das letzte Stück des Weges rennen die vier Männer so schnell es geht – behutsam den bewusstlosen Jungen an den vier Enden der Decke tragend.

Der Arzt legt den Jungen auf den Behandlungstisch und wickelt das Brandopfer vorsichtig aus der hellbraunen Baumwolldecke: »Das sieht böse für den kleinen Kerl aus!«

Hin und wieder scheint der Junge aus seiner Ohnmacht aufzuwachen: Er stöhnt.

Nach der Untersuchung meint der Dorfarzt: »Das Kind muss auf dem schnellsten Wege ins Spezialkrankenhaus gebracht werden, da es um Verbrennungen höchsten Grades geht. Wenn wir schnell sind, kann das Leben des jungen Patienten gerettet werden.«

Einer der Feldarbeiter schaut sich das schwarz verbrannte Gesicht des Jungen genauer an. Er schlägt die Hände über dem Kopf zusammen: »Das ist ja … das ist der kleine Gennady aus der Säuferfamilie! Doktor, ich gehe gleich hin, um die Mutter zu benachrichtigen. Vielleicht weiß sie, wie das alles passiert ist.«

In der Spezialklinik für Verbrennungen wird Gennady nun behandelt. Es steht fest, dass über Wochen hin stets neue Hautverpflanzungen an Gennady nötig sein werden. Eine qualvolle Zeit steht dem Jungen bevor. Zunächst liegt er vom Kopf bis zu den Füßen in Heilverbänden gewickelt.

Während dieser wochenlangen, schmerzvollen Behandlungszeit wird Gennady von seinen Eltern überrascht. Er traut seinen Augen nicht, als Vater nüchtern ins Krankenzimmer tritt. Sauber gewaschen und in sauberer Kleidung. Als er seinen Sohn – in so viel weißem Verband eingewickelt – sieht, stößt er einen Schreckenslaut aus: »Gennady, Junge, was ist nur passiert?!« Er beugt sich über sein Kind, dessen Verbände nur den Mund und die Augen freigelassen haben. »Gennady, alles meine Schuld! Meine Schuld!«

Zum ersten Mal im Leben sieht Gennady seinen Vater weinen.

»Junge, ich hätte mit dir aufs Kartoffelfeld gehen sollen, um die Kartoffelkäferpest einzudämmen.«

Dann hört der Junge Worte, die er vom Vater

noch nie gehört hat: »Mein Gennady!« Und es liegt viel herzliche Liebe in dieser Anrede. »Junge, vergib mir, bitte!«

Gennady kann nicht viel dazu sagen. Ein dicker Brocken füllt seine Kehle. Zum Glück kann der Vater seine Tränen nicht sehen, die der Verband aufsaugt. So bewegt er vorsichtig seinen Kopf und nickt dem Vater zu, als wollte er sagen: »Vater, ich habe verstanden! Vater, ich hab dich so lieb!«

Während Vater umständlich seine Tränen mit dem Jackenärmel aus dem Gesicht wischt, denkt das Kind: Nicht du bist schuld, ich habe unerlaubt den Benzinkanister aufs Feld getragen. Wie oft hat der Vater es ihm verboten, den Kanister anzufassen. Leise – fast unverständlich zu hören – bewegt Gennady seine Lippen und flüstert: »Vati, vergib mir!«

Es sind seine ersten Worte nach dem Unfall, an den er sich schwach erinnern kann. Aber wer rettete ihn? Wer hat ihn ins Krankenhaus getragen?

Jeden Mittwoch kommen zwei mütterliche Frauen von der »Christlichen Frauenhilfe«, um Gennady zu besuchen. Sie haben von dem schrecklichen Unfall gehört. Gennady kann schon wieder sprechen, obwohl noch dicke Krusten auf seinen Lippen liegen. Und hören kann er auch. Als die beiden Frauen Gennady von Jesus, dem Heiland, erzählen wollen, flüstert er: »Von Jesus wollt ihr mir erzählen? Das finde ich gut. Den kenne ich!«

Die erstaunten Frauen hören zum ersten Mal von der Babuschka, die am Ende des Dorfes wohnt und die ihm geraten hat: »Wenn du in Not gerätst, dann rufe nach Jesus. Er wird dir helfen.«

Der kleine Patient bereitet den beiden Frauen mit seinen Fragen viel Freude. Darum versprechen sie beim Verabschieden: »Nächste Woche sind wir wieder da. Dann schauen wir, ob es dir besser geht.« Sie halten Wort. Bei jedem Besuch bekommt Gennady ein Büchlein zum Lesen. Einmal ist ihr Geschenk sogar eine bebilderte Kinderbibel, aus der sie ihm jede Woche eine Geschichte vorlesen. Eine Geschichte ist interessanter als die andere. In Gennady erwacht eine stille Liebe zu Jesus, dem Retter und Heiland der Welt. Retter – ja! Denn wer sonst hat ihn aus dem Flammenmeer gerettet?

D ie behandelnden Ärzte sagen Gennady immer wieder: »Es war die Baumwolldecke, die dir das Leben gerettet hat. Sie erstickte die Flammen. Wer hat dich in die Decke eingewickelt?«

»Ich kann mich nicht erinnern. Ich weiß nur, dass ich das Streichholz zündete. Da brannte es hellauf! Ich stand in Flammen.«

Den staunenden Ärzten erzählt er, was die Babuschka ihn vor Wochen gelehrt hat: »»Rufe den Namen des Herrn Jesu, wenn du in Not gerätst.« Das habe ich gemacht. Jesus hat mich gerettet.«

Immer wenn Gennady seine Wundergeschichte erzählt, hören die Ärzte zwar interessiert zu, aber zugleich belächeln sie den kleinen Patienten. Sie wiegen bedenklich ihre Köpfe und verdrehen vielsagend ihre Augen – als wollten sie sagen: Die Verbrennungen haben vielleicht den armen Jungen um den Verstand gebracht. Er scheint durch den Unfall seiner Sinne beraubt zu sein. Er fantasiert immer noch.

Nur die beiden mütterlichen Besucherinnen von der »Christlichen Frauenhilfe« nehmen seine Geschichte ernst. Sie können das Rätsel mit der Baumwolldecke auch nicht erklären, aber sie sagen Gennady: »Wunder, ja, die gibt es heute, weil es Gott heute gibt!«

Sie lesen Gennady stets neue Jesusgeschichten aus der Bilderbibel vor, die ihm noch viel wunderbarer erscheinen, als was er selbst erlebte. Gennady freut sich auch, dass sich die beiden Frauen nach seinem Befinden erkundigen. Und haben sie sich von ihm verabschiedet, zählt er die Tage, bis es wieder Mittwoch ist und die beiden Frauen ihn wieder besuchen. Oft sprechen sie ihm Mut zu, die langwierigen Behandlungen geduldig zu ertragen. Am meisten aber freut er sich, wenn sie ihm vom Heiland Jesus Christus vorlesen oder erzählen. Gern und aufmerksam hört er ihnen zu, doch am meisten freut er sich, wenn sie mit ihm beten.

Eines Tages kommt der Chefarzt der Haut-klinik mit der guten Nachricht zu Gen-nady: »He, du Glückspilz! Ich weiß zwar immer noch nicht, wer dein Leben rettete, auf jeden Fall war es ein Wunder. Aber heute ist ein weiteres Wunder passiert. Die beiden Frauen, die dich jede Woche besuchen, haben mir heute einen Brief gebracht, in dem steht, dass die Operationskosten und die teuren Medikamente eine Mission aus Deutschland übernommen hat. Das Geld haben sie schon für dich gezahlt. Ja, ja, das ist ein sichtbares Wunder für uns Ärzte. Sie gaben mir auch ein Päckchen mit Wundsalben aus Deutschland für dich. Diese Salben sind nicht nur sehr teuer, sondern auch sehr gut. Wir Ärzte freuen uns, dass dir nun durchgreifend geholfen werden kann. Nun kannst du damit rechnen: Du wirst bald ganz gesund sein. Das wollte ich dir sagen. Vergiss es nicht, dich bei den Frauen zu bedanken, wenn sie dich am kommenden Mittwoch wieder besuchen. Machst du das – und vergisst du das auch nicht?«

»Das werde ich bestimmt nicht vergessen, Herr Doktor!«

Kaum ist der Chefarzt verschwunden, öffnet sich wieder die Tür des Krankenzimmers. Gennadys Eltern sind zu Besuch gekommen:

»Vati, Mutti, nun ist ein zweites Wunder passiert!«, ruft Gennady ihnen laut entgegen. Er erzählt, was der Chefarzt ihm soeben mitgeteilt hat: Er wird bald ganz gesund werden. Dann kann er nach Hause. Dann geht er wieder zur Schule. Und er wird bald die Babuschka in ihrem niedrigen Bauerhäuschen besuchen.

Der Vater lässt seinen Sohn zwar ausreden, aber es ist ihm große Aufregung anzumerken: »Gennady, ich weiß von einem dritten Wunder.«

»Da ist noch ein Wunder? Vati, erzähl mir davon!«

Die Mutter ist vom Hocker aufgestanden, um ihrem Kind das Kopfkissen zurechtzurücken. Gennady merkt, wie auf dem Gesicht seiner Mutter ein Glanz liegt, wie er ihn eigentlich noch nie bei ihr gesehen hat. Ihre Augen strahlen vor Freude.

Vater schiebt seinen Hocker näher ans Krankenbett: »Junge, ich habe mit dem Trinken aufgehört.«

»Oh Vati, Vati, stimmt das?« Etwas ungläubig schaut er seine Mutti an. Sie strahlt übers ganze Gesicht und nickt heftig mit dem Kopf. »Vati, ist das wirklich so?«

Mutti zieht aus ihrer Handtasche ein weißes Taschentuch, um ihre Tränen abzuwischen. Aber es sind nicht die bitteren Tränen, die er so oft schon bei ihr gesehen hat, wenn Vater betrunken nach Hause kam, herumschrie oder seine Kinder verprügelte. Jetzt weint die Mutti anders. Weint sie vor Freude? Gennady kann nur still und staunend seine Mutti anschauen und beobachtet dann, wie das Kinn des Vaters bebt, als er zu erzählen anfängt:

»Ich ging neulich zur Babuschka, um ihr deine Grüße zu sagen. Doch dann erzählte ich ihr auch von meiner Sauferei, mit der ich Mutti und euch Kindern so viel Elend gemacht habe. Auch dass ich euch geschlagen habe. Ja, ich bin schuldig geworden. Viele Male. Auch an dem Mittag, als ich euch Kinder angeschrien und befohlen habe, auf die Kartoffeläcker zu gehen, um Käfer und Larven einzusammeln. Ich habe dich mit dem Glas in der Hand wegrennen sehen. Und dann passierte dieses Unglück mit dem Feuer. Junge, du warst mir immer gehorsam – auch wenn ich besoffen dir Befehle erteilte. Das habe ich alles der Babuschka erzählt, die mir schweigend zugehört hat. Danach kniete sie nieder und dankte Gott dafür, dass ich sofort mit dem Trinken aufhören will. Da bin ich auch niedergekniet und habe geweint. Zum ersten Mal in meinem Leben empfand ich tiefe Reue über meine Alkoholtrinkerei. Ich habe auch gebetet.«

»Vati, du hast gebetet?«

»Ja, ich habe Gott versprochen, dass ich Ihm ab sofort gehören will – so wie die Babuschka Gott gehört – und habe ihm gesagt: »Für immer überlasse ich mein ganzes Leben dir, du großer Gott«. Seitdem habe ich keinen Tropfen Alkohol mehr gebraucht. Das passiert nicht aus meiner eigenen Kraft. Es ist Gottes Liebe, die ich angenommen habe – für alle Zeit. Gennady, das ist das dritte Wunder.«

Gennady versteht nicht alles, aber er ist erleichtert, dass Vati ihm jetzt so anders vorkommt. Er streckt seine verbundenen Arme hoch vor Freude. Vater beugt sich über sein Kind und verpasst ihm einen Kuss: »Wenn du aus dem Krankenhaus entlassen wirst, besuchen wir die Babuschka in ihrer Bauernkate. Oder sie kommt zu uns. Jedes Mal wenn wir dich hier im Krankenhaus besuchen, dann kommt Babuschka am anderen Tag zu uns, um zu hören, wie es dir jetzt geht. Sie sagt immer: Ich bete für meinen Gennady.

Mutti und ich gehen jetzt jeden Freitagabend zu ihr. Unsere Nachbarn Lasnikow gehen auch mit. Auch sie haben sich bekehrt und ihr Leben – so wie wir – Gott ausgeliefert. Nun sind wir miteinander eine glückliche Schar von Gläubigen. Wir sprechen mit Babuschka über Lebens- und Glaubensfragen. Auch liest sie uns Geschichten aus der Bibel vor und betet mit uns. Babuschka ist uns in kurzer Zeit wie eine echte

Mutter geworden. Und deine Geschwister …«
Vati kann sich die Freude nicht verkneifen und
lacht zu Gennady hinüber: »Deine Schwestern
und Brüder, alle sieben, haben die Babuschka
als »ihre Babuschka« ins Herz geschlossen.
Wenn ich's richtig sehe, dann liebt sie dich und
deine Geschwister wie ihre eigenen Enkel und
Enkelinnen. Es vergeht kein Tag, wo nicht eines
deiner Geschwister die Babuschka im kleinen
Bauernhäuschen besucht. Auch um ihr zu helfen.«

Es vergehen Wochen und Monate, die
Gennady im Krankenhaus verbringen
muss. Eine lange, schwere Zeit für den
lebhaften Jungen. Doch es gibt auch Höhepunkte während seines Klinikaufenthaltes.
Seine Mutti hat durch die mütterlichen Frauen,
die Gennady immer noch regelmäßig besuchen, zwei Hörgeräte von deutschen Missions-
freunden gespendet bekommen. Nun kann sie
recht gut hören.

Gennady kann lange Zeit seine Beine nicht
richtig ausstrecken, wodurch ihm das Gehen

sehr schwer geworden ist. Stets neue Hautverpflanzungen sind erforderlich.

Als Gennady schließlich aus dem Krankenhaus entlassen wird, rätseln die Leute im Dorf immer noch: Wer war es, der die hellbraune Baumwolldecke um Gennady gewickelt hat, um die Flammen zu ersticken? Niemand aus dem Dorf will es gewesen sein. Gennady erzählt es jedem, der es hören will: »Als die hohen Flammen mich einhüllten, da habe ich den Namen »Jesus« gerufen. Und der Heiland hat mich gerettet, weil er mich liebhat. Mehr weiß ich nicht.«

»Jesus?«, fragen die Leute. »Ja, wer sonst? Er – oder einer seiner Engel.«

Großmutters Gebete sind erhört worden. Heute versammelt sich im elterlichen Haus von Gennady eine Gemeinde. Aus einem Haus voller Sorgen ist jetzt ein Haus voller Lieder geworden, in dem Gottes Wort und Liebe ein Zuhause haben. Die Hausgemeinde ist lebendig und zieht stets neue Dorfleute an.

Als ein Jahr später Babuschka zu Grabe getragen wird, kommt fast das ganze Dorf zusammen, um von der alten Bäuerin Abschied zu nehmen. Die kleine Ortsgemeinde singt am offenen Grab österliche Lieder: »Der Herr ist auferstanden! Er ist wahrhaftig auferstanden!«

Jeder Abschied tut weh. Der kleine Gennady steht weinend zwischen seinen sieben Geschwistern und Eltern, als die Dorfbewohner kleine Blumengebinde in das Grab der Babuschka werfen. »Danke, Babuschka!«, sagt der kleine, blonde Junge leise, der die großen Wunder erlebte, die Babuschka ihn lehrte.

Jeden Sonntag treffen sich im Elternhaus von Gennady 26 Christen – und noch mehr Kinder. Das Haus ist dann zu klein – und ständig sieht man in der Schar der Christen neue Gesichter: Menschen, die auf der Suche nach dem Sinn des Lebens sind. Sie sind vom Lebensstil der Bekehrten beeindruckt und sie wollen wissen, wie man Christ werden kann. Wenn jemand aufrichtig sucht, bekommt er ein Neues Testament in die Hand gedrückt: »Hier findest du, was du eigentlich suchst! Lies das Lu-

kasevangelium. Dafür brauchst du nur etwa zwei-
hundert Minuten; aber dein bisheriges Leben wird
sich völlig verändern.«

Was wir als deutsche Mission in den kleinen, ver-
unglückten und geretteten Gennady investierten,
hat der himmlische Vater in einen reichen Segen
verwandelt. Die einst Ungläubigen ließen sich von
Gott finden. Er veränderte ihr Leben völlig.

Zwei Anmerkungen zum Schluss.

Zum einen:
Weil das Elternhaus von Gennady Sonntag um
Sonntag kaum die Menschen fassen kann, die Gottes Wort hören wollen, überlegt die neu entstandene
Gemeinde, in der Dorfmitte einen kleinen gottes-
dienstlichen Saal zu bauen, der rund sechzig Leute
fassen kann. Denn jetzt sind es bereits über 50 Erwachsene, die sonntags zum Gottesdienst und mitt-
wochs zur Bibelstunde zusammenfinden. Eine Familie hat dafür ein geeignetes Grundstück zur
Verfügung gestellt. Nun braucht diese junge Gemeinde kräftige Hilfe von außen, um mit dem Bau-
en anfangen zu können.

Zum anderen:

Es geht um Gennady ...! Er hat den Eltern neulich seinen Herzenswunsch verraten: »Wenn ich die Schule beendet habe und ihr es mir erlaubt, dann möchte ich mich als Evangelist im Theologischen Institut der Mission Ost-West in Irpin ausbilden lassen, das Pastor Rötting und Grigory Komendant, unser Kirchenpräsident, leiten.«

Die Eltern sind glücklich über den Entschluss ihres Sohnes, sein Leben Gott völlig zur Verfügung zu stellen. Sie unterstützen Gennady, der in der Gemeinde bereits angefangen hat, mit Jugendlichen zu arbeiten. Seine Andachten sind erfüllt von der großen Liebe Gottes, die sein Leben geprägt hat und auch künftig prägen soll.

Das nötige Geld für seine zweijährige Ausbildung fehlt zwar, aber es ist für den himmlischen Vater eine Kleinigkeit, ein weiteres Wunder an Gennady zu wirken – vielleicht auch durch unsere Gebete und unsere Hilfe.

Jedes Debakel birgt eine Chance in sich

Valon Blakaj: Herr Rötting, Sie erzählen über »Freund und Feind« aus den Ländern, in denen Sie tätig sind. Oft sind es Schicksalsschläge, die Sie beschreiben und die uns Leser bewegen. Ich wage zu fragen: Wie bewältigen Sie Desaster?

Gerhard Jan Rötting: Fragen Sie getrost!

Bekanntlich verstehen wir unter Desaster einen Misserfolg, der oft mit falsch getroffenen Entscheidungen und sogar mit schuldigem Verhalten einhergeht. Da machte und mache ich die Erfahrungen, dass Gott vergibt. Restlos. Sooft ich Ihm meine Sünden bekenne, löst Er mich aus sündigem Verhalten und schuldhaften Verstrickungen. Das tut gut. Und wie Er das möglich macht? Durch Jesu Opfertod am Kreuz auf Golgatha hat Er mein Fehlverhalten und meine Schuld gesühnt. So sagt es Sein Wort: Wenn auch ich anderen vergebe, wird Er mir auch vergeben.

V.B.: Und sagen Sie auch ein Wort zu den Debakeln in Ihrem Leben?

G.J.R.: Gut, denn Debakel sind mir nicht fremd. Das Wort Debakel kommt aus dem

Französischen (débâcle) und meint: Das Eis ist plötzlich aufgebrochen, du bist durchs Eis gebrochen, du saust in ungekannte Tiefen und befindest dich in Lebensgefahr.

Aber auch noch eine andere, eine positive Bedeutung schwingt hier mit: Das Eis, das dich umgibt, ist gesprungen, es bröckelt von dir ab und liegt dir zu Füßen. Plötzlich bist du frei. Frei für Neues.

V.B.: Haben Sie ein praktisches Beispiel aus Ihrem Leben dafür?

G.J.R.: Ja. 1961 gründete ich mit einigen ledigen Männern die ordensmäßig geprägte Jesus-Bruderschaft, die später ihren Sitz in Gnadenthal hatte. Unsere brüderliche Gemeinschaft wuchs – sowohl in geistlicher Tiefe als auch zahlenmäßig. Das war nicht nur ein Wunder für mich, das wurde meine Aufgabe, die mein Leben erfüllte.

Eines Tages entdecke ich, dass die vermeintlich sichere Eisschicht um mich herum gewaltige Risse bekommen hat. Sie ist am Bersten und ich bin in Gefahr. Ein Debakel zieht heran. Was tun? Einerseits betete ich dringend um Klarheit. Andererseits sprach ich mit meinem Seelsorger, Bischof Hans-Hermann Harms aus Oldenburg, über mein Debakel. Er hörte in väterlicher Ruhe meine Not an, währenddessen ich zu begreifen begann: Meine Lage ist mehr als ernstlich. Aber die Existenz der gesamten Jesus-Bruderschaft noch mehr. Und das schmerzte mich am meisten. Was geschah? Zuerst bekannte ich meine Sünden vor dem lebendigen Gott. Nach dem Schuldbekenntnis legte Bischof Harms mir die Hände auf und vergab mir die Sünde in Jesu Namen. Ich atmete auf und unerwartet übermannte mich eine große Freude.

Aber die Begegnung mit meinem Seelsorger barg zugleich eine ungeahnte Chance. Er zog seine Augenbrauen hoch, schaute mich an und fragte: »Hast du schon einmal einen Kanarienvogelkäfig gesehen?« Und ohne meine Antwort abzuwarten, folgte dann diese unerwartete, lebenswichtige Frage: »Hast du schon einmal einen ausgewachsenen Adler in einem Kanarienvogelkäfig gesehen?« Natürlich nicht.

Was sollte dieser bildreiche Vergleich in meinem »débâcle«? Als der Bischof mir schweigend die Hand reicht und sie länger als sonst festhält, erkenne ich: Das Eis um dich her – das dich als Gründer und Leiter der Jesus-Bruderschaft anderthalb Jahrzehnt umgeben hat – ist gesprungen. Es bröckelt ab. Ich wusste: Du bist frei. Nicht nur frei von Sünde, aber auch frei für eine neue Lebensstrecke. Bischof Harms gab mir die Weisung: »Schaue niemals zurück!« Diese drei Worte musste ich ihm in die Hand versprechen. Die Eisumhüllung ist dann gänzlich geschmolzen. Ich lernte, dass nur wer loslassen kann, zukunftsfähig ist. Deshalb fliege – wie ein Adler – ins Weite!

V.B.: Sie haben dann eine neue Chance von Gott eingeräumt bekommen. Hat sie auch mit Ihrer schriftstellerischen Tätigkeit zu tun?

G.J.R.: Unbedingt. Wer schreibt, ist meistens ein hörender Mensch. Nichts Besseres kann uns Christen passieren, als dass wir uns oft beim himmlischen Vater zu einer Audienz einfinden. Um zu hören. Jeden Morgen ersuche ich Ihn, mir solch besonderes Tagesereignis zu gewähren. Beten ist ja nicht zuerst, dass wir Worte vor Gott formulieren – auch! – , sondern dass wir vor allem hören, was der himmlische Vater uns zu sagen hat. Solche Audienzen schreibe ich in ein dickes Schreibheft. Ich möchte notieren: Bei jedem »débâcle« hat der himmlische Vater für jeden von uns Chancen genug, weil Er die härteste Eisschicht um uns herum bröckeln und abspringen lassen kann. Das bewirkt Seine unvergleichliche Liebe, die dich frei sehen will für Seine neue Welt. Für diese neue Welt will Er uns verwenden. Jeden. Auch mich.

V.B.: Herr Rötting, haben Sie zum Schluss noch ein kurzes Wort bereit?

G.J.R.: Selbstverständlich.

Solche Menschen haben eine ungeahnte, glückliche Zukunft vor sich, die Jesu versöhnendes Opfer am Kreuz auf Golgatha für sich in Anspruch nehmen. Das ist die eine Seite eines »débâcle«. Die andere Seite ist: Gott schenkt uns dabei eine neue Orientierung, ein positives »débâcle« für das Leben. Denn jedes »débâcle« birgt eine große Chance in sich.

V.B.: Für Ihre Offenheit danke ich Ihnen.

Zum Autor

Die **Studenten** in Albanien, im Kosovo und sonst wo sagen »Professor« zu mir.
Einverstanden.

In den **ukrainischen Gemeinden** sprechen die Gläubigen mich als »Pastor« an.
Nun – der bin ich ja auch.

In rumänischen und deutschen Brüder- und Gemeinschaftskreisen bin ich schlicht und einfach ihr »Bruder Gerhard«.
Das passt zu mir.

Meine Eltern nannten mich »onze Geerart«, unser Gerhard. Diese niederländisch-sprachige Liebkosung klingt immer noch in meinen Ohren.
Unvergesslich!

Für den **himmlischen Vater** bin ich der nach Hause gekommene »verlorene Sohn«. Er sagt es so: »Dieser mein **Sohn** war tot und ist wieder lebendig geworden; er war verloren und ist wiedergefunden worden!«
Gut, nicht wahr?
Das höre ich am liebsten und freue mich täglich darüber.

Von Gerhard Jan Rötting sind bei mediaKern erschienen:

Erzählbände (jeweils 112 Seiten)

Als Schmuggler Gottes unterwegs
Bestell-Nr. 512 2000

Als um Mitternacht eine fremde Gestalt erschien
Bestell-Nr. 512 2001

Als ein Schatz in der Hirtenhütte entdeckt wurde
Bestell-Nr. 512 2002

Als ein Engel das todkranke Mädchen besuchte
Bestell-Nr. 512 2004

Als drei Straßenkinder unter der Brücke gefunden wurden
Bestell-Nr. 512 2005

Als die Königin die Gefängnistür öffnen ließ
Bestell-Nr. 512 2006

Als zur ersten Weihnacht ein neuer Ofen die Hütte wärmte
Bestell-Nr. 512 2007

Als ein Doppelmörder vom »Schalom« überrascht wird
Bestell-Nr. 512 2008

Als der kleine Junge ein großes Wunder erlebt
Bestell-Nr. 512 2009

Als Pferd und Fohlen zu Weihnachten im Stall ankommen
Bestell-Nr. 512 2010

Wunder im Kosovo
Bestell-Nr. 512 2606

Bildbände (jeweils 48 Seiten)

Dich erfüllt ein bleibender Segen
Bestell-Nr. 512 3500

Dich behütet ein wachsamer Engel
Bestell-Nr. 512 3504

Dich erwartet eine gesegnete Zukunft
Bestell-Nr. 512 3512